本成果得到国家"985工程优势学科创新平台项目"专项经费的资助，同时是国家自然科学基金（项目编号：71373277）阶段性成果

城镇化与城乡规划实证研究前沿丛书

社会资本视域下的社区治理创新研究
——以成都市高新区为例

李东泉　蓝志勇　徐传峰　著

中国建筑工业出版社

图书在版编目（CIP）数据

社会资本视域下的社区治理创新研究：以成都市高新区为例／李东泉，蓝志勇，徐传峰著. —北京：中国建筑工业出版社，2017.4
（城镇化与城乡规划实证研究前沿丛书）
ISBN 978-7-112-20657-5

Ⅰ.①社… Ⅱ.①李…②蓝…③徐… Ⅲ.①社区管理—研究—中国 Ⅳ.D669.3

中国版本图书馆CIP数据核字（2017）第077118号

本书以成都高新区为研究对象，深入总结其已经开展的社区治理创新实践，从社会资本建设与运用的视角，审视政府在社会管理与经济发展中的角色的新定位，并从进行以院落自治为核心的居民能力建设和促进社会组织在社区治理结构中发挥桥梁作用等方面，对今后社区治理的深化提出了建议。本研究将基层政府的社区治理创新与宏观社会经济发展背景以及地区发展转型紧密结合起来，注重社区治理改革中的社区发展理念，运用社会资本的概念解释社区治理对宏观社会经济发展以及社区生活质量的双重作用；并通过实证研究，深入剖析社区治理结构的构成与运行机制，寻求社区治理的实施途径。希望为高新区的发展转型乃至全国的社区治理创新提供借鉴与参考。

责任编辑：焦 扬
责任校对：焦 乐 张 颖

城镇化与城乡规划实证研究前沿丛书
社会资本视域下的社区治理创新研究
——以成都市高新区为例
李东泉 蓝志勇 徐传峰 著

*

中国建筑工业出版社出版、发行（北京海淀三里河路9号）
各地新华书店、建筑书店经销
北京京点图文设计有限公司制版
北京建筑工业印刷厂印刷

*

开本：787×1092毫米 1/16 印张：9¾ 字数：207千字
2017年5月第一版 2017年5月第一次印刷
定价：40.00元
ISBN 978-7-112-20657-5
（30311）

版权所有 翻印必究
如有印装质量问题，可寄本社退换
（邮政编码 100037）

前 言

这是一本关于我们这个时代中基层社会治理创新的纪实。在世纪相交,中国工业化、城市化和现代化进程全面展开,迅猛发展,日新月异的历史时期,人们很容易看到经济发展、技术进步的成就,体验到 GDP 增长的欣喜和大国崛起的骄傲,但往往较少关注甚至忽略中国的社会也在经历迅速和猛烈的变化:土地兼并、人口迁徙、社会断层、家居变异、社区更新……在这个过程中,许多一线的基层工作人员与社区居民一起,努力适应新的形势和环境,不畏繁琐、不畏艰难、心存公益,用自己的辛勤和智慧,改革创新,发展新型社区,改造和提升自己的生活。他们在基层的创新,源于社会、回馈社会,是中国社会从过去走向未来、可持续发展的基础。

本研究起始于我们研究团队在成都进行的一次一般性的社区发展调研。在几个区域的调研中,与高新区有关领导有过接触,他们建议我们看看他们附近的社区。在访谈过程中,我们意外发现基层干部在面对十分棘手的社区管理问题时创造性地发挥了传统智慧中的工作方法优势,将新民主主义革命时期"支部建在连队上"的工作经验运用到将"支部建在院落的工作"中。在工作方法上,他们强调党员以社区居民的身份和志愿者的身份参与社区治理。他们对群众基本权利的尊重、还权于民、关注民生、注重公益和奉献精神的导向,是党的群众路线在新时期的重要创新。基于此,我们又数次回到成都,进行了更深入的访谈和调研,与基层公务员、社区居民、社会组织中的许多人进行了交流。

通过对成都市高新区社区治理创新的深入考察和调研,本书认真描述了该街道社区如何将自己的基层创新与宏观社会经济发展趋势和地区发展转型相结合、如何将历史与现实相结合、如何将社会发展理论与社区治理实践相结合、如何将政府政策与社区居民需求相结合,鼓励和引导居民"自我管理、自我教育、自我服务、自我监督",使社区更好、更有效地承担落实公共服务、发展公益事业、推进基层民主、维护社会稳定的责任。作者希望以窥一斑而知全豹的方式,剖析中国现阶段城市社区治理结构的构成、运行机制和创新路径,为现阶段中国社会改革和社区变迁留下一段脉络清晰的历史见证,记录下在当今时代的大背景下,许许多多一线的小人物默默无闻的努力和奉献。

作为一个地方政府的基层单位,肖家河街道的创新或许会被认为微不足道,是千千万万个中国地方政府创新案例中的一员,甚至都没有引起在全国设立了地方政府创新奖的委员会的关注。但他们面临和解决的问题,正是中国改革发展和现代化进程中的典型问题。他们有迅速城市化的压力,有新区建设和问鼎科技前沿的目标,有老城区居民,有大量农转非居民,还有从少数民族区域回来的离退休人员……他们开始以关注民生、为民服务的新理念管理城市社区，突破了以往以单位为单元管理社区的方法，以区域发展推动小区建设；注重上下合作的联动方式，上有领导和顶层设计，下有社区能力建设和社会资本培养与使用。他们的地方干部参加国际管理学习，以开放的心态接受新鲜事物和思想，管理设计上不囿于原有的管理和制度基础，并且很好地运用了改革开放前我国社会治理的策略和党为政府和社会领导力量的历史传承和成功经验。最重要的一点是，他们成功地应对了大变化、大动荡时代的多种挑战，推动了社会的进步和人居条件的改善。我们真诚地希望这样的故事越来越多、越来越丰富、越来越精彩。在全国范围内，互相分享、互相激荡，让时代的赞歌唱响在每个人心中，让每个人都感到，时代变化就在我们生活的点滴之中，就在我们每一个人的努力和担当之中。而中国治理创新的未来，或许也正隐含在所有这些细小的努力之中吧。

在调研过程中，成都高新区的主管领导，肖家河街道办事处、社区、爱·有戏社区文化发展中心的工作人员以及社区居民，都给予了极大的支持，在此表示衷心的感谢！特别是时任肖家河街道办事处主任巫全根以及主管社区工作的副主任赵凯文等，他们对待自身工作的责任心和勇于探索创新的精神，给我们留下了深刻的印象，谨以此书向他们表达敬意。中国人民大学公共管理学院的不少博士研究生和硕士研究生参与了社区调研、文献梳理、问卷录入、数据分析等工作，他们是邢贺超、崔亚杰、黄衔鸣、于溯阳、杨名洋、沈洁莹、刘东颖、姜香、陈伟等。

作者
2016 年 11 月

目 录

1 绪论 ··· 1
   1.1 研究背景 ··· 1
   1.2 研究意义 ··· 2
   1.3 研究目标 ··· 3
   1.4 研究方法与研究框架 ·· 3
   1.5 内容安排 ··· 4
   1.6 关于社区的界定 ·· 5

2 社会管理与社区治理创新 ·· 7
   2.1 社区建设的提出 ·· 7
   2.2 社会管理与社区管理 ·· 8
   2.3 社区治理的内涵及其与社会管理的关系 ·· 9
      2.3.1 社区治理的来源 ·· 9
      2.3.2 社区治理的内涵 ·· 10
      2.3.3 社区自治、社区治理与社会管理的关系 ···································· 11
   2.4 中国特色的社区建设历程 ··· 12
      2.4.1 社区建设的社会背景 ·· 12
      2.4.2 社区建设与街居制的结合 ··· 13
   2.5 社区治理创新的经验与挑战 ·· 14
      2.5.1 社区治理创新的典型案例 ··· 14
      2.5.2 典型案例的共性分析 ·· 15
      2.5.3 当前社区治理中存在的突出问题 ··· 16
      2.5.4 有待进一步探索的问题 ·· 17
   2.6 小结 ··· 18

3 成都高新区社区治理创新的必要性分析 ·· 19
   3.1 国家发展趋势的要求 ·· 19
      3.1.1 中国社会经济转型及新型城镇化要求重视社会发展，核心是人的发展 ······ 19
      3.1.2 全球化形势下中国的可持续发展要求实施创新驱动发展战略 ······ 21
      3.1.3 实现转型发展的路径之一是重视社会资本的培育 ······················ 21

3.2 成都市未来发展的要求 ·· 22
3.2.1 成都市总体上处于投资驱动发展阶段 ···························· 22
3.2.2 引人瞩目的国际化趋势 ·· 23
3.2.3 生活环境质量是成都市未来发展的竞争优势 ···················· 24
3.3 成都高新区"三次创业"的要求 ·· 24
3.3.1 成都高新区的发展历程 ·· 25
3.3.2 成都高新区发展阶段的判断 ··· 26
3.3.3 高新区创新转型发展面临的挑战 ··································· 30
3.4 社区治理是转型发展阶段的必要性工作 ······························· 37
3.4.1 创新驱动阶段政府的责任 ··· 37
3.4.2 社区治理是创新驱动阶段重要的间接政策抓手 ·················· 39
3.4.3 高新区具备的社区治理创新优势 ··································· 41
3.5 小结：社区治理与成都高新区转型和创新驱动发展之间的内在关系 ········ 42

4 成都高新区的社区治理创新实践 ·· 44
4.1 成都高新区的社会管理现实 ·· 44
4.1.1 以农转非和外来人口为主体的复杂的居民构成 ··················· 44
4.1.2 以院落为主体的独特的街区空间形态 ······························ 47
4.1.3 以街居制为主体的多元混合式社会管理体制，传统的社区管理方式面临挑战 ······ 52
4.2 院落自治的发展历程 ·· 53
4.2.1 培养意识，酝酿雏形（2009年至2010年初） ····················· 53
4.2.2 试点先行，积累经验（2010年5月至2011年初） ················· 53
4.2.3 四区联动，全面推广（2011年初至今） ··························· 54
4.3 院落自治的主要内容 ·· 55
4.3.1 院落自治的组织架构 ·· 55
4.3.2 院落自治的成员组成 ·· 57
4.3.3 院落自治的运行机制 ·· 58
4.4 院落自治的具体事务 ·· 60
4.4.1 院落基础设施管理 ··· 60
4.4.2 院落居民事务管理 ··· 60
4.4.3 院落文化氛围营造 ··· 61
4.5 院落自治模式的特征分析 ·· 61
4.5.1 党建与民生建设相结合 ··· 61
4.5.2 政府管理与百姓的自我管理相结合 ································ 62
4.5.3 自下而上与自上而下相结合 ·· 63

    4.5.4 统一与灵活相结合 ·· 64
4.6 院落自治推行的经验 ··· 64
    4.6.1 制度建设先行，规范行为准则 ································ 65
    4.6.2 发动党员示范，带动"三驾马车" ······························· 65
    4.6.3 培养公民意识，重塑熟人社会 ································ 66
    4.6.4 培育社会组织，助力居民自治 ································ 67
    4.6.5 政府合理引导，"无限"走向"有限" ······························· 68
4.7 院落自治的成效 ·· 69
    4.7.1 院落环境得到改善 ·· 69
    4.7.2 社区治安明显好转 ·· 69
    4.7.3 居民对政府的满意度不断提高 ································ 69
    4.7.4 居民参与热情提升 ·· 71
4.8 存在的问题 ·· 71
    4.8.1 组织模式横向沟通不足，无法解决院落封闭性所导致的沟通不畅 ··· 71
    4.8.2 自治模式较少考虑院落异质性及构成复杂性，"能人"的潜质挖掘渐成问题 ··· 72
    4.8.3 自治组织成员职务重叠，组织功能难以有效发挥 ············ 73
4.9 小结：院落自治——破解社区自治困境的有效途径 ············ 73

5 转变思路：培育社会资本促进区域发展转型 ···················· 75
5.1 什么是社会资本？ ·· 75
5.2 社区治理的主要目的是提升以社会为中心的社会资本 ········ 77
    5.2.1 社会资本的作用 ·· 78
    5.2.2 创新驱动阶段最需要社会资本的投入 ······················ 79
    5.2.3 社会资本是社区治理的手段和目的 ························ 80
5.3 政府在社区治理中的定位：引导、赋能、增权 ···················· 81
    5.3.1 坚持政府在社区治理创新中的主导地位 ··················· 81
    5.3.2 坚持居民的能力建设，公民社会是治理的基础 ············ 83
    5.3.3 坚持实施增权式参与，支持社会组织参与社区发展 ········ 83
    5.3.4 社区治理的目标是多方共赢和善治 ························ 85
5.4 实现社区治理目标的保障措施 ··································· 86
    5.4.1 政府转变观念、职能和领导方式是社区治理创新的前提 ··· 86
    5.4.2 重视基层党组织的作用 ······································ 87
    5.4.3 建立多渠道交流平台，支持多中心治理网络 ················ 88
5.5 小结：政府的主导作用 ··· 89

6 培养能力：居民自治是实现社区治理的基石 ··· 91
6.1 院落自治的启示 ··· 91
6.1.1 概况 ··· 91
6.1.2 问卷调查的基本情况 ··· 93
6.1.3 居民对院落自治的了解和认可情况 ··· 95
6.1.4 院落自治的执行情况 ··· 98
6.1.5 发现的问题 ··· 103
6.2 院落自治的目标：积极推动居民参与 ··· 108
6.3 推动院落自治的实施措施 ··· 109
6.3.1 差别化的政策设计 ··· 109
6.3.2 实施小规模的院落自治 ··· 112
6.3.3 培养社区领袖，发挥"能人"作用 ··· 114
6.3.4 加大宣传，居民参与从孩子抓起 ··· 116
6.3.5 搭建平台，鼓励外来人口融入社区 ··· 117
6.3.6 立足院落环境质量改善，鼓励开展社区营造活动 ··· 117
6.4 需要注意的问题 ··· 118
6.4.1 防止院落自治的行政化与形式化 ··· 118
6.4.2 提高居民的社区政治效能感 ··· 119
6.4.3 加强"三驾马车"成员的凝聚力 ··· 120
6.5 小结：居民的主力作用 ··· 122

7 搭建桥梁：社会组织是社区治理的助推器 ··· 123
7.1 社会组织在社区治理中的作用 ··· 123
7.2 成都高新区的社区社会组织现状：以肖家河街道为例 ··· 124
7.2.1 基本情况 ··· 125
7.2.2 主要特点 ··· 125
7.3 促进社区社会组织发展的措施 ··· 127
7.4 需要注意的问题 ··· 128
7.5 小结：社会组织的助力作用 ··· 129

8 以新带旧：以技术和经济发展为契机，创新社区治理 ··· 130
8.1 高新区社区治理创新的必要性 ··· 130
8.1.1 高新区旧有的压力 ··· 130
8.1.2 高新区创新的动力 ··· 131
8.2 成都高新区社区治理创新的主要特点 ··· 133

  8.2.1 顺应社会发展要求，用新的理念推动社区建设 …………………… 133

  8.2.2 扎根本地实际情况，创新了社区居民自治组织的体制和机制 …………… 133

  8.2.3 将院落自治作为社区治理的核心内容，培养居民的公民意识 …………… 134

  8.2.4 重新发挥基层党组织的作用，找到了居民自治组织领导力建设的着力点 ……… 134

 8.3 社区治理创新对成都高新区转型发展的作用 ……………………………… 135

 8.4 小结：社区治理是高新区在新时期和新的发展阶段制度创新的努力 ……… 137

9 结语 ……………………………………………………………………………… 138

参考文献 …………………………………………………………………………… 139

1 绪论

1.1 研究背景

当前的中国在迅速发展的进程中面临着诸多问题与挑战。从公共管理的视角看,政府包揽一切的体制和机制需要改革。虽然经济发展的成就归功于政府在经济领域的放权,但政治体制和社会管理机制相对滞后,国家没有在经济发展的同时培养出高素质的市民阶层,他们参与社会管理的能力不能与社会发展的现实需要相匹配。以社区治理来说,当前存在的主要问题可以简单总结为:政府依然扮演着主导性角色,社区组织体制落后以及社区发展机制单一的局面没有得到根本改变,居民的参与意识不强,多元利益主体不能理性参与政府决策等。这些现象也促使地方政府在社会管理和社区建设领域开始转变思路,力行创新,成都市高新区的肖家河街道办事处便是其中的一个典型案例。

高新区是中国改革开放以后,以经济发展和管理体制改革为目标而创立的试验田,在促进中国经济增长方面做出了突出贡献。但随着新区建设规模的扩大和产业结构的升级,不少高新区开始从单一产业园区向综合性城区转型。在这一过程中,社会管理的压力增大,甚至成为发展的短板。高新区如何运用自己的新人口、新产业、新制度、新思路、新经济的特点,进行社会管理创新,满足自身发展需要,并引领社会发展,成为了一个十分迫切的问题。面对这一具有普遍性的问题,成都市高新区肖家河街道率先在创造新型社区治理方式,促进基层社区建设,进行体制、机制的改革等方面,努力开拓、大胆探索、不断思考、认真实践,做了大量细致的工作,取得了可喜的成就,其以院落自治为主要内容的社区治理创新模式在成都市高新区范围内得到推广。

由于历史原因,成都市高新区内居住着大量外来人口、农转非居民以及大量行政村。先进发达的高新技术产业定位和相对落后的社会人群之间存在着巨大的落差,为高新区今后的可持续发展带了来挑战。高新区已经意识到这一现状,在努力施行《推进成都高新区"三次创业"建设世界一流高科技园区》的同时,推行社区建设和社会管理改革,推行院落自治,发挥基层党组织的社区领导和政府购买服务的作用,加强社区建设和服务,丰富了社区文化,强化了居民的社区意识和自治意识。这一改革和创新过程,也暴露出了一些问题:传统管理方法中政府大包大揽,对居民的日常生活干涉过多;基层政府专业程度相对较低,不了解居民的具体需求,导致管理效果较差;基层政府时间精力有限,基层居民自治管理的覆盖面和深度都受限;虽然推行院落自治,放权给居民,但居民也无法在短时间内掌握自治组织的运行与管理方法，还有基层社区治理可持续发展的挑战等。

我们的故事就从这里开始。重点要讲述的是入园区最早，占地面积不大，但具有所有高新区特点的肖家河街道的社区治理创新的故事。

1.2 研究意义

成都高新区肖家河街道办事处首先推行的院落自治模式，为探讨有效的社区自治途径开辟了思路。高新区先行先试的精神，为基层治理创新提供了机遇和制度支持，也是高新区在政府治理创新、体制和机制改革方面的动力来源。高新区作为中国改革开放以后探索经济体制改革的新生事物，在20多年的发展历程中，取得了令人瞩目的经济成就，成为了各地政府创造就业、承载企业、技术升级、增加税收的掌上明珠和当地经济增长的热点。但随着社会经济转型的逐步深入，高新区长期注重经济发展、忽视社会发展所导致的问题逐步暴露出来，它很大程度上是中国快速城镇化和社会经济转型的缩影。当前，中国特色的发展模式面临转型，高新区也同样面临产业结构升级以及从单一的产业园区向综合性城区等全方位的转型，以应对不断加深的全球化给中国未来发展带来的挑战。在这一过程中，社会发展无疑是转型发展的一大短板。高新区迫切需要充分运用自己在体制创新、经济与社会基础等方面的优势，率先思考社会管理创新的方向和路径，应对自身发展的需要，并为全国的社会发展转型作出表率。因此，成都高新区的社区治理创新，拓宽了经济发展创新之外，高新区在基层治理、社区建设等体制、机制方面的创新。

十八大之后，新型城镇化成为热门话题。这一目标的提出基于中国快速城镇化进程中对社会问题的忽视，也表明在下一阶段，政府的角色定位和努力方向将发生重大转变。十八届三中全会进一步指出，全面深化改革的总目标是"完善和发展中国特色社会主义制度，推进国家治理体系和治理能力现代化"，这是我国首次提出"国家治理"的概念。社区作为社会治理体系的最基层单位，其治理能力显然是体现国家治理能力的重要方面。

见微知著，国家发展的宏大叙事，需要每个个体与不同尺度的社会单元的参与，国家发展目标的实现，也需要一步一个脚印地完成。高新区的产生和发展历程有其独特性，但这种独特性同时具有映射改革开放以来所谓"中国模式"发展路径的典型代表性。成都市高新区与其他国家级开发区和新区一样，是中国改革开放的产物，与中国经济高速增长和城镇化最快速发展的时期同步，其面临的问题以及为解决问题所采取的诸多创新措施，对全国新型城镇化路径的探索以及国家治理体系和治理能力现代化的探索，无疑都具有研究意义。

总之，新时期的改革与过去仅仅在经济领域的改革相比，显然是全方位的；社区治理作为社会管理创新的重要手段，将在地区转型发展过程中扮演重要角色，深刻改变旧有的自上而下的社会管理方式。但社区具有明显的地方特性,单一的社区发展政策不能与多样化的地方发展阶段和地方文化的差异性相适应;因此,应鼓励各地根据自身特色,进行探索创新。在此过程中,及时总结和深化这些地方经验,不仅有助于从理论与实践相结合的角度进一步推动我国的社区发展实践,也有助于各地的经验交流与相互学习。从主、客观的角度,成都市高新区推行社区治理创新都具有深远的意义。

1.3 研究目标

本研究以肖家河街道为具体调研对象,对成都市高新区的社区治理创新实践进行全面总结、深化与提升,主要研究目标有三:

(1)从实证的角度评估肖家河的社区治理创新。以肖家河街道所辖院落为研究对象,通过院落规模、院落居民构成、居民社会属性等因素,评价院落自治的实施效果,深入分析影响院落自治效果的因素,提炼可推广的内容与实施要素,并为今后的社区发展以及进一步完善这一实践创新模式提出建议。

(2)提炼中国城市社区自我管理的理论。根据肖家河院落自治模式的实施效果,探讨中国城市社区自治的理论框架,向国际社会介绍有中国特色的社区发展经验,丰富社区发展的实施途径。

(3)从区域与国家发展的角度对社区治理的重要性进行提升。结合开发区的特点,以成都高新区的实践和理论为基础,探讨快速城市化进程中的社区治理结构改善与相应的实施措施,为中国实现新型城镇化和治理能力现代化的目标献计献策。

1.4 研究方法与研究框架

本研究以成都市高新区率先推行社区治理创新的肖家河街道办事处为主要关注点。在 2013～2014 年,由中国人民大学公共管理学院师生组成的课题组多次到成都高新区进行实地考察和调研。其中有三次课题组成员比较集中的大规模调研:第一次是 2013 年 1 月,与成都市高新区和肖家河街道办事处的工作人员进行了两次座谈会,了解其开展院落自治这一社区治理创新的背景、主要做法及实施效果。第二次是 2013 年 8 月,分别与街道办事处和社区工作人员以及四个社区居民代表进行了多场座谈会,同时按照分层抽样的方法,对社区居民以及院落自治"三驾马车"成员分别进行了问卷调查。第三次是 2014 年 4 月,对街道办事处工作人员和社会组织负责人分别进行了访谈和问卷调查。

在研究过程中,除采用实地观察、访谈、问卷调查以及统计分析等常规社会科学研究方法以外,主要采用了多案例比较研究的方法。根据当地以院落为主要居住空间组织形态的现实特征,按照院落的不同属性,将院落分为三类:自管院落(农村回迁、城市回迁)、单位院落、商品房院落；又按照院落规模，分为大、中、小型院落，分别考察其院落自治的实施结果，并提出相应的发展建议。

在深入分析成都高新区社区治理创新实践的基础上，从社会资本的理论视角，构建社区治理的理论框架，探讨通过基层社区治理推动区域宏观社会经济发展以及国家治理体系和治理能力现代化的途径。本书研究框架如图1-1所示。

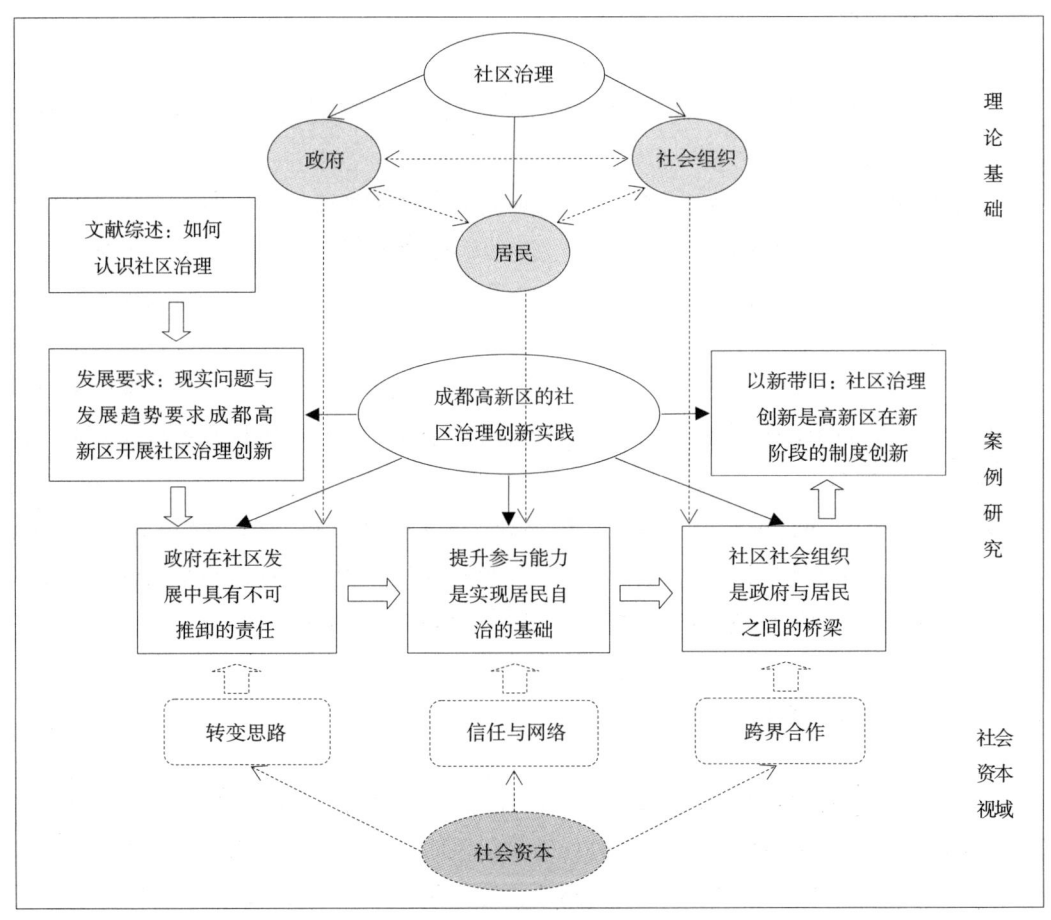

图1-1 研究框架

1.5 内容安排

根据上述研究框架，全书内容共分9章。第1章绪论，介绍研究背景、研究意义、研究目标和研究方法等。第2至第8章内容的逻辑关系已经反映在图1-1的研究框架中。第2章通过文献综述，对与社区治理相关的基本概念进行界定，梳理和总结当前各地的社区治理实践，认为当前社区治理实践面临的挑战需要从新的角度进行思考并付诸实践。

第3章对成都高新区的发展历程及发展趋势进行分析,说明在新的发展阶段进行社区治理创新的必要性。已有学者从经济学的角度论证了社会资本对中国经济转型与发展的重要性(张克中,2010)以及社会资本对国家治理和政治发展的作用(燕继荣,2015)。本章结合研究对象的发展要求,具体说明通过社区治理培育社会资本推动地区发展转型的必要性。第4章主要介绍成都高新区近年所推行的院落自治模式。第5至第7章,针对社区治理的三个主体——政府、社区居民和社会组织,从培育社会资本的角度,分别提出实现社区治理目标的实施建议。这些建议的提出,一方面基于成都市高新区肖家河街道既有实践的总结,希望为其他城市的社区治理提供经验借鉴;另一方面,针对实践中出现的不足和问题,在社会资本理论的指导下,对今后的社区治理工作提出改善和提升的建议,希望推动地方社区治理实践更深入、广泛、可持续地发展下去。第8章将成都市高新区社区治理创新的经验与区域社会经济发展要求进行综合分析,阐释了社区发展与基层制度创新对社会发展目标实现的重要性。第9章是全书的结语。

1.6 关于社区的界定

本书谈到的社区,并不简单地等同于当前在中国被广泛接受的行政社区——居委会辖区,而是更多地从社区发展的角度界定的社区。

社区本是社会学概念,最早由德国社会学家滕尼斯(Tendinanel Tonnis)在1887年发表的《礼俗社会与法理社会》(德文名为"Gemeinschaft und Gesellschaft")中提出,表示的是一种由具有共同价值观念的同质人口组成的,关系亲密、守望相助、疾病相抚的,存在一种富有人情味的社会关系的社会团体(滕尼斯,1999),强调共同的文化意识以及成员的归属感和认同感。在翻译成英文时,用community表示德文Gemeinschaft的含义。随后,美国社会学家弗兰克·法林顿在1915年出版的《社区发展:将小城镇建成更加适宜生活和经营的地方》一书中提出了"社区发展"的概念,改变了滕尼斯视"社区"为传统乡村社会地域性群体的观点,开始把"社区"视为现代社会的区域性共同体。这样,就把"社区"概念融入了现代社会的发展过程中,而不再是与现代社会相对立的传统社会的代表(马仲量,2004)。

滕尼斯之后,对社区概念的发展和城市社区研究作出巨大贡献的是芝加哥学派。芝加哥学派的领军人物帕克提出了社区的本质特征,包括:①按区域组织起来的人口;②这些人口不同程度地扎根于他们赖以生息的土地;③社区中的每个人都生活在相互依赖的关系中。与之前对社区的认识相比,芝加哥学派增加了社区的空间属性(丁元竹,2009)。1955年,美国社会学家希勒里(G. A. Hillery)发表了《社区定义:共识的领域》一文,在文中,他收集了当时已经出现的94个关于社区的定义,并进行了统计分析。最终,希勒里归纳出的三大核心要素是大多数定义中都会提到的,即一个特定的地点、共同的关系、社会互动（夏建中，2010），可见社区这一概念的复杂性。

英文"community"（社区）一词最早由帕克于1933年介绍到中国。费孝通等人在翻译"community"时，选择了具有祭祀、宗社意义的"社"字与具有地域意义的"区"字的结合，创造了"社区"一词（费孝通，2001）。他认为，以全盘社会结构的格式作为研究对象，这对象必须是具体的社区，因为联系着社会的是人民的生活，具有时空的坐落，这就是社区（费孝通，1998）。这一中文译词，奠定了"社区"的概念在中国长期采纳地域主义的视角，特别是在后来的面向公共管理的实践中，强调以法定社区作为操作单位，即地域界限明显、与大社会沟通联系便捷的社会区域（姜振华、胡鸿保，2002）。在农村通常指的是行政村或自然村。城市社区的范围一般是指经过社区体制改革后作了规模调整的居民委员会辖区（中央办公厅，2000）。

本书研究的社区治理创新属于社区发展的实践领域，所以采用社区发展中关于社区的四要素界定法（Christenson James A., Robinson Jerry W.(Eds).，1989）：

（1）人（People），社区的存在离不开一定的人群，他们是社区内各种活动展开的主体。

（2）领域（Territory），社区都有一个相对稳定、相对独立的地理空间，这一地理空间并没有特定的规模限制。

（3）社会互动关系（Social Interaction），社区中的居民在经济、政治、文化等各项活动和日常生活中产生互动，形成了各种关系。

（4）社区情感（Identification），生活于该社区的居民所具有的一种地缘上的归属感和心理、文化上的认同感。

按照这样的社区界定，中国当前城市社区可以分为不同类型，如新型商品房社区、单位社区、旧城社区、城中村和城郊村等。

2 社会管理与社区治理创新

社区这一概念虽然在20世纪30年代就介绍到了中国,但直到20世纪80年代,中文语境下的社区研究才再次蓬勃发展,并首先在社区服务的基础上产生了社区建设的概念,之后又产生了社区自治、社区治理等概念。为指导社区治理创新实践,应首先从这些基本概念入手,对它们在渊源和内涵等方面存在的差异与相互关系进行梳理。

2.1 社区建设的提出

虽然社区概念被视为"19世纪社会思想最引人注目的发展"(谭英,1999),但"社区"概念运用于中国的公共管理实践,则迟至20世纪80年代。20世纪80年代中后期,在民政部的倡导下,城市基层开始逐步推进以老年人、残疾人、优抚对象和便民利民为内容的社区服务工作。1986年,民政部在推进城市社会福利工作改革、争取社会力量参与社会福利事业时,将其称之为"社区服务"。

随着经济社会转型的深入发展,社区服务已无法涵盖社区工作的全部内容。20世纪90年代初期,在学术界的推动下,借鉴西方的社区发展理念,进一步提出了本土特色的社区建设概念。1991年,时任民政部部长崔乃夫指出,"基层组织建设应着重抓好社区建设",为官方首次出现"社区建设"一词。1992年,在杭州召开的"全国城市社区建设理论研讨会",从理论和实践两个角度对社区建设问题进行了探讨,将社区服务推向了社区建设的新阶段。1998年,民政部在基层政权司的基础上设立了基层政权与社区建设司,意在推动社区建设在全国的发展。1999年,在全国范围内开展了"社区建设实验区"工作,先后确定了26个城区作为实验区。2000年,中共中央办公厅和国务院办公厅联合下发了《关于转发〈民政部关于在全国推进城市社区建设的意见〉的通知》(即中办发[2000]23号文件),就社区的范围及社区建设的定义、原则、目标、具体工作等做出了说明,成为社区建设的纲领性文件。根据"中办发[2000]23号文"的表述,社区建设是指"在党和政府的领导下,依靠社区力量,利用社区资源,强化社区功能,解决社区问题,促进社区政治、经济、文化、环境协调和健康发展,不断提高社区成员生活水平和生活质量的过程",其主要工作是拓展社区服务、发展社区卫生、繁荣社区文化、美化社区环境、加强社区治安等,要坚持以人为本、服务居民,资源共享、共驻共建,责权统一、管理有序,扩大民主、居民自治等原则(中央办公厅,2000)。可以看出,社区建设涵盖了社区服务的所有方面，并具有社区自治的内容，是个广包性的概念，与世界范围内流行的社区发展概念有异曲同工之妙。

2.2 社会管理与社区管理

进入21世纪以后，随着社会经济的发展以及人口流动性的不断增加，社会管理问题逐渐突出。早在2004年9月，十六届四中全会就提出了"加强社会建设与管理，推进社会管理体制创新"的口号。那么，应该如何理解社会管理？

从最广泛的意义上来讲，社会管理可以理解为"对社会的管理"（郑杭生，2006），或者是指政府及非政府公共组织对各类社会公共事务所实施的管理活动，实质上同公共管理的范畴相当；而狭义上的社会管理，一般是与政治管理、经济管理相对，是指社会公共事务中排除掉政治统治事务和经济管理事务的那部分事务的管理与治理（李程伟，2005），是规范和协调社会组织、社会事务和社会生活的活动（俞可平，2007），主要是指与政治、经济、思想文化各子系统并列的社会子系统或者生活子系统的管理（郑杭生，2006）。

从政府职能的角度来看，社会管理是"政府通过制定专门的、系统的、规范的社会政策和法规，管理和规范社会组织，培育合理的现代社会结构，调整社会利益关系，回应社会诉求，化解社会矛盾，维护社会公正、社会秩序和社会稳定，孕育理性、宽容、和谐、文明的社会氛围，建立经济、社会和自然协调发展的社会环境"（陈振明，2006）。从管理的主体和过程来看，社会管理是政府和民间组织运用多种资源和手段，对社会生活、社会事务、社会组织进行规范、协调、服务的过程，目的是满足社会成员生存和发展的基本需求，解决社会问题，提高生活质量（何增科，2007）。简言之，社会管理是政府和社会组织为促进社会系统协调运转，对社会系统的组成部分、社会生活的不同领域以及社会发展的各个环节进行组织、协调、服务、监督和控制的过程（李学举，2005）。

尽管表达方式有所不同，但学者们对社会管理的本质认识基本一致。一般认为，社会管理的主体是政府及相关的社会组织，客体是社会生活系统的各类事务，目的是解决社会问题，促进社会系统的良性运转，满足社会成员的需求，管理的具体手段是多样化的。

在民政部倡导社区建设的努力下，"社区"这一基层生活单元日益得到重视，与此同时，在国家加强社会管理的现实要求下，社区管理这一概念也逐渐引起人们的注意。

社区管理可以简单理解为社会管理的一种方式，区别是社区具有明确的地域界限。从管理过程来看，社区管理就是在政府及其职能部门的指导和帮助下，动员和依靠社区各方面的力量，对社区的各项公共事务和公益事业进行规划、组织、指挥和协调的过程（唐晓阳，2000）。可见，社区管理是国家实施宏观社会管理和社会发展目标的微观体现。社会管理是政府的主要职能，内容包罗万象，方式多种多样。其中社区是落实社会管理的基本空间单元。伴随着世界各国的社区发展和我国社区建设的兴起，社区管理也逐渐成为我国社区发展的理论与实践关注的热点问题（汪大海、魏娜、郇建立，2009），并且已经成为政府实施社会管理的主要手段之一。

2.3 社区治理的内涵及其与社会管理的关系

既然社区管理是社会管理的一种方式，那么，社区治理是如何提出的呢？基于当前社区管理主体多元化的特征，社区治理是从根本上实现社区发展，同时有助于实现政府社会管理目标的制度建设。

2.3.1 社区治理的来源

社区治理是近年来伴随着治理理论兴起而提出的概念，核心思想是强调多元治理主体的参与。"治理"一词（Governance）的本意是统治、管理或者统治方法、管理方法，即统治者或者管理者通过公共权力的配置和运作，管理公共事务，以支配、影响和调控社会（徐勇，1997），同"government"一词并无本质差异。全球治理委员会在1995年发表的研究报告《我们的全球伙伴关系》中对治理进行了一个宽泛的界定，将集体和个人行为层面、政治决策的多种模式都包罗在内。委员会将治理定义为个人与公司机构管理其自身事务的各种不同方式的总和，是使相互冲突或不同利益得以调和并且采取联合行动的持续过程。全球治理委员会指出治理有四个特征（俞可平，2000）：第一，治理不是一整套规则条例，不是一种活动，而是一个过程；第二，治理过程的基础不是控制和支配，而是协调；第三，治理既涉及公共部门，也涉及私人部门；第四，治理不意味着一种正式制度，而是持续的互动。

20世纪90年代以来，由于世界银行经济学家的推崇，"governance"一词被赋予了"善治"的内涵，意指一种良好的治理（包括廉洁、透明、自主、责任、回应性等要素）（俞可平，2000），"治理"的概念迅速流行起来，广泛运用到了社会科学的研究之中。有学者认为，社区治理可以理解为治理理论在社区层面的运用（吴光芸、杨龙，2006），意味着"政府组织和其他组织通过建立合作的关系来实现社区的公共目标"（徐中振、徐珂，2004），也就是合作治理社区公共事务（卜万红，2004；徐君，2007；陈伟东、李雪萍，2004），并没有刻意强调治理的理论内涵。综合来看，我们可以这样来理解社区治理：具有一定自治能力的社区成员依托各种社区自治组织，同社区社会组织、政府组织等利益相关主体一道，运用多种方式和手段，在社区的行动场域内合作处理社区公共事务的过程。我们必须注意，社区治理结构包含政府、居民与社会组织等多元主体以及它们之间形成的良性互动关系，是一种合作型的治理模式（图2-1）。社区治理与社区管理的区别在于，前者强调治理主体之间的平等合作关系，而后者在实践中更多地呈现政府自上而下的传统管理方式，容易让居民产生依赖性，不利于社区自治的发展。

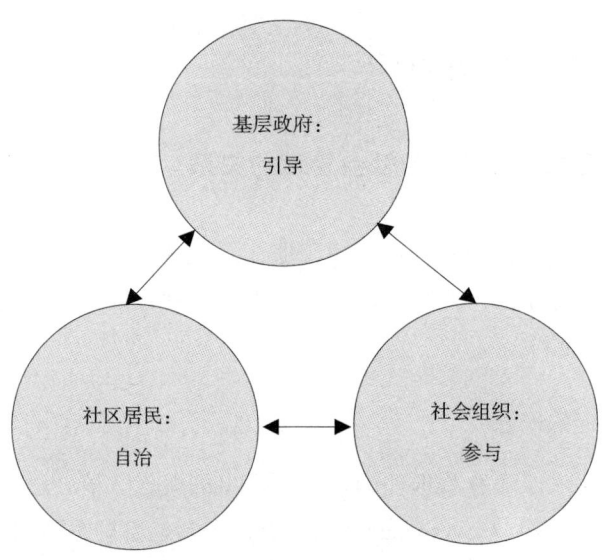

图 2-1 社区治理的理论模式

2.3.2 社区治理的内涵

社区治理既然是治理理论在社区中的实际运用，那么根据社区的概念和治理的内涵，可以从以下四个方面进一步理解社区治理的内涵（史柏年，2006）：

1. 社区治理主体多元化

虽然政府在社区治理过程中仍然发挥着决定性的作用，但是随着基层社会的转型以及社区主体利益的多元化，政府无法再承担社区治理的所有职能。要重视社会组织（包括社会团体、基金会等）和社区居民在社区治理中的重要作用；彼此通过合作来共同管理社区中的公共事务，为社区提供公共服务，促进社区持续发展。

2. 社区治理目标的过程化

社区治理除了明确的任务目标以外，更要注重过程目标。社区治理的目标可以简单归结为通过政府、社会组织和社区居民之间的协作，管理社区公共事务，有效提供公共服务和公共产品，实现社区的可持续发展。这些目标的实现，需要在协作过程中培育社区居民的主人翁意识及对社区的归属感和认同感，培育并改善社区组织体系，建立正式、非正式的社区制度规范，建立社区治理不同主体之间的协作机制。这些任务只能在实践的过程中逐渐培育。

3. 社区治理内容的多样化

社区是居民生活的主要场所，所以社区治理内容要涉及社区成员需求的各个方面。它包括社区服务、社区安全综合治理、社区公共卫生与疾病预防、社区环境管理、社区精神文明建设、社区社会保障以及社区福利等。因此，要最大程度地整合社区资源，建立社区治理的机制，调动社区居民参与社区治理的积极性，实现社区的可持续发展。

4. 社区治理形式的互动化

我国长期以来以"街居体制"结构为主的城市社区现状，使得所有治理的实现都要采取单一的、自上而下的方式，只有垂直关系，没有横向的联系。但是随着近年我国社区的发展，在社区的治理中越来越重视社区居民的权利以及社会组织和社区居民的参与，其权力运行方式并不总是单一的、自上而下的。社区治理并不是通过发号施令等来达成管理目标，而是通过政府、社会组织和社区居民之间的协作来实现良好的治理。

2.3.3 社区自治、社区治理与社会管理的关系

从前文所述关于社区治理的概念和内涵可以看出，社区治理目标的实现离不开居民这一重要的主体，而且是具有一定自治能力的有组织的居民主体。可见，社区自治与社区治理有密切的关系。社区自治也是官方推动的社区建设的主要内容之一。"中办发[2000]23号文"提出在社区建设中坚持"扩大民主、居民自治"的原则，指出"在社区内实行民主选举、民主决策、民主管理、民主监督，逐步实现社区居民自我管理、自我教育、自我服务、自我监督"，即通过"四个民主"实现"四个自我"，这一表述为后来的文件所肯定。由此可见，官方文件中对社区自治的内容进行了清晰界定，"四个自我"就是社区自治的形式和内容。社区管理的最终目的也是社区自治（汪大海、魏娜、郇建立，2005），可见，不论是社区建设还是社区管理，本意都是朝着通过居民自治能力的培养与提升以实现社区治理的方向努力的。

尽管学术界对社区自治有不同的理解，但基于对社区的认识和官方所倡导的社区建设中的界定，我们认为社区自治其实是一种"自组织"治理，即"不需要外部力量的强制性干预，各种利益相关者通过民主协商，相互增进信任，整合资源，采取合作行为，共同治理公共事务，并逐步使共同体进入自我维系状态"（陈伟东，2004），即各种利益相关者通过社区决策机制来合作治理社区公共事务（徐君，2007）。其实，不少学者对社区自治存有疑虑的原因，在于以西方文化传统中的自治概念来理解我国的社区自治，学术界的争论正是源于对社区自治认识角度的不同。鉴于此，我们可以这样来理解社区自治：社区居民有自我决定社区公共事务的权利以及权利行使的方式（汪大海、魏娜、郇建立，2009），社区自治主要依靠社区内的自治性组织来实现。

基于上述认识，可以梳理社区自治、社区治理与社会管理之间的关系如下：

1. 社区自治是社区治理的基础

社区自治内含两个要素：社区居民的自治权利及其实现方式，即抽象的权利和现实的能力，前者由法律规定，后者由居民和社会组织决定。社区居民只有在具备自治的条件和能力的基础上，才能同政府和社会组织开展合作，进而实现社区治理。没有具备自治能力的居民和自治组织，就不可能有社区治理，一定程度的社区自治是社区治理的基础。

2. 社区治理是社会管理的基石和重要抓手

社区是城市最基层的管理单位，也是社会管理的落脚点，在社会管理体系中处于基础性地位，社区治理状况是社会管理体制改革的风向标。因而，社区治理从微观层面对于推进社会管理体制的创新具有积极意义，体现出了政府与社会的新型互动模式（李慧凤，2010）。社会管理要在基层实现其目标，就必须在社区层面推动政府与社会的良性互动，以社区治理作为抓手。

3. 社会管理的目标同社会治理具有内在一致性

社会管理不是虚幻的而是务实的，具有实实在在的内容，其目标就在于实现社会的和谐稳定、人民的安居乐业，具体到社区层面，就是相互扶助、邻里团结、友好和睦、幸福快乐，这也是社区治理所追求的目标。可以讲，社会管理和社会治理的目标具有内在一致性，不同的只是实现方式的差异。

简而言之，社区自治是社区治理的基础，两者在逻辑上有一种递进关系；社区治理是社会管理的基石和抓手，两者有一种逻辑上的包含及大小关系；社会管理的目标同社区治理有内在的相似性，两者又有异曲同工之妙。总之要推进社会管理体制的创新，必须从社区治理创新做起。

2.4 中国特色的社区建设历程

我国的社区建设，是在政府社会管理改革的大背景下提出的。在当前社会经济转型过程中，社区管理面临着复杂的发展现状和挑战，也逼迫着基层政府尽快开展社区治理创新。

2.4.1 社区建设的社会背景

新中国成立后，高度集中的计划经济体制得以建立并逐步完善，与此相适应，国家通过单位组织对社会进行严格的控制，形成了独具特色的"单位社会"。其中，企事业单位的在岗人员和离退休干部被纳入到各种类型的单位组织中加以管理，后者赋予其成员以社会行为的权利、身份和合法性，满足他们的需求，代表和维护他们的利益，同时也控制他们的行为（李路路、李汉林，2000）；而无业者和退休工人等则被纳入到地区组织系统之中，由街道办通过居民委员会加以管理（卢汉龙，1999），在单位制外形成了作为补充的街居制。以单位制为主、街居制为辅，这是新中国成立后城市地区基本的社会管理体制。

单位制和街居制相结合的社会管理体制，以国家垄断社会资源的分配为前提，而市场经济的逐步确立从根本上动摇了此种基础。我国社区建设的兴起，发生在全能政府"失效"和万能市场"失灵"的背景下，是在国家与社会分离、作为国家与社会联结点的"单位制"解体的基础上出现的（徐勇，2001）。从社会背景来看，社区建设在20世纪80年代出现，有着特殊的原因和需要：①经济体制的转型改变了社会资源的分配方式；②政府与社会以及公民个人的关系发生了深刻变化；③社会结构的变化是主要原因；④社会结构的变化带来了人际关系的调整（魏娜，2002）。从城市的社会管理来看，在经济转轨和社会转型之后，单位制逐渐被打破，单位管理模式趋于失效，街居制也由于基层社会的巨大变化而面临很多的现实难题，在管理上陷入困境。因此，城市基层社会迫切需要一种新的组织形态和管理体制来解决社会中出现的问题和各种矛盾（何海兵，2003），这种新的体制就是社区制。

不难看出，社区建设的兴起主要是单位制解体和当时街居制还处于弱势阶段的结果。单位制的逐步解体，将大量的人员和事务释放给社会，人们从"单位人"变成了"社会人"，由单位包办变成了自谋生路。然而，社会并不能将其完全吸纳，不少人游离于单位和社会之外。同时，经济的发展催生了大量的流动人员，社会不稳定因素剧增，社会管理的压力加大，而作为单位制附属的街居制，由于资源和能力等的限制，难以进行有效的管理。此种背景下，以居住区为组织形式的社区体制得以产生，其首要目标就是社会整合及社会再造（徐勇，2001；何海兵，2003）。换言之，社区制的出现和社区建设的兴起，也是社会管理压力持续增大的内在需要。

2.4.2　社区建设与街居制的结合

21 世纪以来，社区在居民生活中的作用越来越重要，但社区建设的结果很大程度上偏离了最初设定的发展目标。比如中国开展社区服务以及后来的社区建设的初衷，是希望动员社会力量，为社会经济转型期中不断增长的居民需要提供社会服务，民政部也希望通过社区来重组城市社会，以适应市场经济，并通过社区的建立和发展来推动中国的基层民主（姜芃，2001）。但有人在对 2000 年以来关于中国社区建设研究的述评中发现，其中关于社区建设目标的讨论主要存在两种观点，一是服务于政权建设论，二是服务于社区自治或公民社会论（吴晓林，2012）。在现实中，2004 年 10 月《中共中央办公厅转发中组部关于进一步加强和改进街道社区党的建设工作的意见》（中办发【2004】25 号）发布，标志着社区建设从民政部主导的以社区服务工作为主要内容，上升到了基层政权建设的高度。至此，社区建设实际上已经转化为以服务于政权建设为主要目标，并已经成为国家加强基层社会管理的主要方式。社区服务也逐渐成为地方政府为居民提供的一种遍在式的基本公共服务，与最早的参与分享的原则，即"社区服务要求的是社会的广泛参与，在参与中实现社会互动互助，进而分享共同参与的社会成果"（邓锁，2000）相差甚远。

所以说，我国的社区建设是基于我国独有的行政社区概念，我国的社区制也是建立在街居制的基础之上的，是"以城市的行政管理或政权建设的基层单位来划分或存在的"，是通过公共资源的投入来强化的"属地管理"工作（黎熙元、陈福平，2008）。可以看出，在实践中，社区管理概念的行政色彩更为强烈，并不符合国际社会对"社区"的理解，也不符合中国社区发展的现实需要。

2.5 社区治理创新的经验与挑战

为适应社会发展的需要，不少地方在社区治理领域进行了实践性探索。总结这些案例中的经验，有助于从实践的角度了解当前社区治理中存在的问题以及明晰今后努力的方向。

2.5.1 社区治理创新的典型案例

社区建设是社会管理的内在需要，在相关部门的推动下，各地进行了广泛探索，形成了各具特色的模式。在理论研究中，学者们提出了行政型/政府主导型、共治型/混合型、自治型等模式（刘娴静，2004；张宝峰，2005），认为由行政型社区（政府主导）向合作型社区（政府推动与社区自治的合作）和自治型社区（社区主导与政府支持）的转变发展，代表着我国城市社区治理模式发展的基本方向（魏娜，2003；马西恒，2004）。在实践中，各地从不同的角度着手，形成了一些具有特色的模式（表2-1）。

部分地方社区治理创新典型案例 表2-1

城市社区	模式特色	主要做法
上海市卢湾区	两级政府三级管理四级网络	1. "街道社区"，街道办事处所辖行政区同社区重叠 2. "整合权利"，街道办事处具有部分城区规划的参与权、分级管理权、综合协调权、属地管理权等权限 3. "剥离职能"，政府转移部分事务性、技术性服务职能，建立社区服务网络，发展社会中介组织 4. "横向协调"，建立城区管理委员会，以块为主、条块结合
沈阳市春河社区	社区自治议行分离	1. "社区自治"，将社区定位于"小于街道、大于原有居委会" 2. "议行分离"，构建社区决策层（社区成员代表大会）、执行层（社区委员会）、议事监督层（社区协商议事委员会），形成"议行分离、相互制约"的运行机制 3. "重划社区"，将社区划分为"板块型社区"、"小区型社区"、"单位型社区"、"功能型社区" 4. "分权让利"，政府将社区管理的职权，包括自治权、初审权、协管权和监督权还给社区
武汉市江汉区	政社分离合作互动	1. "政社分离、政府分层"，明确街道与居委会是指导与协助、服务与监督的关系，政府角色分化为"社区外政府指导机构"和"社区内政府服务机构" 2. "五个到社区"，工作人员配置到社区、工作任务落实到社区、服务承诺到社区、考评监督到社区、工作经费划拨到社区 3. 责任到人、承诺到人和监督到人，建立服务承诺制、多种功能互补机制、多层次民主评议和考核监督机制 4. 行政调控机制与社区自治机制结合、行政功能与自治功能互补、行政资源与社会资源整合、政府力量和社会力量互动

续表

城市社区	模式特色	主要做法
深圳市盐田区	议行分设一会两站	1. "议行分设",社区居委会民主选举,对社区公共事务进行议事、决策和监督,社区具体事务由社区工作站(行政职能)和社区服务站(服务职能)完成 2. "一会两站",社区居委会履行社区自治功能,建立社区工作站(隶属于街道办,与居委会平行)承接政府下派的任务,建立社区服务站(隶属于居委会,民办非企业组织)为社区居民提供服务 3. 建立社区"评议会、协调会、听证会"制度,对一会两站的工作进行考核监督,对社区事务和成员之间的矛盾进行协调,对相关项目和工作进行决策前的听证
青岛市浮山后社区	一个核心三套工作体系	1. "一个核心",即社区党工委,作为区委的派出机构,是所辖区域内多种组织的领导核心 2. "三套工作体系":一是社区自治工作体系:"社区委员会"是社区代表大会的常设机构,由后者选举产生;二是行政事务工作体系:"社区事务受理中心",由区政府职能部门的派出人员组成,承接行政事务;三是社区服务工作体系:"社区服务中心",负责社区活动并对其进行组织、管理和协调
北京市鲁谷街道	三个体系两个关系两个归位	1. "三个体系":社区党的领导核心体系——社区党工委,社区行政管理体系——社区行政事务管理中心,社区民主自治工作体系——社区代表会议及相关组织 2. "两个关系":政府有关职能部门与鲁谷社区之间的关系,社区党工委、社区行政事务管理中心和社区居委会等自治组织之间的关系 3. "两个归位":政府行政管理职能和社会事务职能的归位

资料来源:李慧凤.社区治理与社会管理体制创新[D].浙江大学公共管理学院,2011.

2.5.2 典型案例的共性分析

从以上几个案例来看,各地在社区管理体制改革上存在着较大的不同,有的地方按照行政化的思路,侧重于政府权力的调整,有的地方更为重视社区的自治,将社区事务交给社区居民自主管理。在具体的制度设计和架构方面,差异更为明显。然而,从深层次来看,各地的探索具有相似之处。

(1)调整政府和社区的关系,明确社区为自治主体。各地普遍将政府和社区的关系界定为"指导和协助、服务和监督",在制度设计上将社区确定为自治主体,减少政府对社区的行政干预,同时重视政府和社区间的双向互动。

(2)分权让利,将权力下放到社区。区级政府的部分管理权限下放到街道办,街道办将社区事务管理方面的权力还给社区,由社区自主管理,同时,确保人员、资源的到位,保障社区的自治能力。

(3)探索和创新社区的自治体系和运行机制。各地普遍建立了社区成员代表大会、社区委员会、社区议事会等社区自治组织,同时设置了社区行政事务机构和服务工作机构,妥善处理社区自治组织、行政组织、社区服务组织间的关系,重视不同组织间的资源整合与合作互动。

（4）重视基层党组织在社区治理中的作用。各地在探索和实践过程中，普遍将基层党组织作为领导核心，发挥党组织及党员在社区自治中的动员、协调、组织、领导等作用。

2.5.3 当前社区治理中存在的突出问题

在当前的实践中，社区治理存在着一些突出的问题，主要表现在行政化色彩强、社会组织发展过少、居民参与不足、自治的经济基础薄弱、法律体系不完善等方面。即使在社区管理体制改革比较成功的地方，这些问题也不同程度地存在。

（1）社区治理中的行政化色彩依然很强（李慧凤，2011；魏娜，2002；胡慧，2006；姚薇，2009；李国祥，2006）。在我国，政府是社区建设的主要推动者，将各种资源投入社区，由此也直接管理和控制着社区的组织及社区的管理，社区带有浓重的行政性色彩，导致了社区的行政化。在不少地方，强化街道办的职责，并将居委会也纳入到行政管理之中，形成了"两级政府、三级管理、四级网络"的社会管理格局，削弱了社区的自治功能。其结果是居委会需要承担大量行政性事务，"上面千条线、下面一根针"的局面始终存在，有些地方非常严重，如某市湖东社区要完成省、市、区、街道各级部门布置的卫生、治安、妇女、拥军、救济、再就业安置等经常性任务共32个大项128个小项，还要接受各级党政20多个部门的173次检查，参加80多项考核和评比，每月要向街道办报送各类报表20多份，需要整理进精神文明创建活动档案的就达148项，社区开出的各种证明材料达30多类（庞连花，2007）。

（2）社区社会组织和社会力量发展缓慢，居民参与渠道少，参与意识不强（李国祥，2006；李慧凤，2011；马西恒，2004；胡慧，2006；姚薇，2009；龚文君，2009；刘军、闫石，2008）。社区非营利性组织发挥着维护社区公共利益、为社区居民提供公共服务、社区沟通与整合、动员和参与等多种功能（赵巍、齐绩，2004），同时也是居民参与的重要渠道。然而，由于体制、资金、能力等多种因素，社区非营利性组织的数量少、规模小，难以满足当前的需求。就社区内部的自治来看，积极参与社区事务的居民还不够多，参与的热情不够高，参与的意识不强，参与的群体比较有限，这影响了社区自治的效果，也是未来社区自治面临的重要挑战之一。

（3）社区自治的经济基础比较薄弱，基本公共服务设施还不完善（李慧凤，2011；胡慧，2006；姚薇，2009；李国祥，2006；龚文君，2009）。目前，政府对社区服务的投资不足，其中不少用于各类行政性事务支出，用于社区服务建设的资金比较有限。不同于国外，我国社区建设中很少有外来社会组织的捐赠，而社区自身的造血功能较弱，营利性的收入非常有限。投入资金的不足导致社区公共服务设施不完善，同时，社区建设中也缺乏专业性的人才队伍，使得社区建设比较缓慢，不能满足当前的需要。

（4）相关的制度政策及法律规范不健全（李慧凤，2011；胡慧，2006；姚薇，2009）。从现行的法律体系来看，缺少一部专门就社区自治和社区建设问题作出规范的法律。

1989年颁布的《城市居民委员会组织法》是关于社区组织最重要的法律规范，其中的不少条款已不能满足当前的需要，如居民委员会"一般在一百户至七百户的范围内设立"的规定同商品房小区迅速发展的现实已明显不适应，对实践中出现的社区社会组织、利益组织等都缺乏必要的规范，而这部法律的修订工作却迟迟未能完成。同时，社区建设中的资源投入机制、人才激励机制、监督评估机制、领导和工作机制都还不够完善，制约了社区建设的进一步推进。

（5）街道办事处、社区委员会、业主委员会、社会活动团、社区非营利性组织本身的问题和各个组织之间的协调合作问题，主要表现为缺少沟通互动的网络和平台，没有共享的规范和价值观，信任度低等（薛文同，2009）。

2.5.4 有待进一步探索的问题

除了这些普遍性的问题以外，社区建设中也存在着各具特色的问题，留待各地在实践中不断探索。从以往的经验和现实的问题来看，社区的可持续发展，需要解决好以下几个问题：

（1）如何妥善处理政府指导与社区自治的关系？社区是自治的主体，居民自主管理社区事务，然而许多事情需要得到基层政府的指导和支持，如何确定政府的角色、处理好政府指导和社区自治的关系，是需要不断探索的课题。基层党组织可以在其中发挥重要作用，一方面引导社区居民开展自治工作，一方面沟通政府和社区居民。

（2）如何构建社区社会组织、基层政府、社区自治组织三者间的良性互动模式？社区社会组织能够为居民提供社区服务，政府组织也可以向社会组织购买公共服务，满足社区的需要，同时，社会组织也是社会管理的参与者和对象，社会组织、基层政府、社区自治组织三者间的良性互动是社区建设的重要保障，为此需要构建相应的机制和制度。

（3）如何激发社区居民的参与热情，培养居民的参与意识？居民的参与是社区自治的基础和根本动力，激发各类社区居民，尤其是非积极居民的参与热情，进而在参与过程中培养其参与意识，是未来社区自治面临的重大挑战。

（4）如何保障社区建设的资源投入？在政府财政能力有限、投入不足的地区，这个问题更为突出。如何在政府财政投入之外吸引社会力量进入社区，同时增强社区自身的造血能力，是构建资源投入保障机制的关键所在，同样是一个需要不断探索的课题。

这些问题也是今后社区治理面临的挑战，需要在新的时代背景下，结合各地现实特征，不断开拓创新思维，通过实践进行探索和回答。本研究即是以成都市高新区为例，总结其在社区治理探索中的经验，评估其社区治理创新的效果，并从社会资本的角度，分析基层社区治理与区域社会经济发展的关系，提升社区治理的现实意义，进而在此基础上提出实现社区治理目标的建议。希望对成都高新区以及其他城市今后的社区治理创新提供借鉴。

2.6 小结

社区治理是实现社会管理目标的重要抓手，是社会发展的基石。理论上而言，社区治理主体包括基层政府、居民和社会组织；社区治理的主要目标是，不同主体在形成良性互动关系的基础上，共同管理社区公共事务，促进社区发展。特别需要注意的是，社区治理的前提是具有一定自治能力的居民，而且大多数情况下是有组织的参与社区公共事务。这些具体要求表明社区治理并不是一个能够很快实现的目标，而是一个相当复杂的过程。另一方面，中国的社区建设历程，明显体现了政府主导的社会管理色彩，这是中国当前进行社区治理创新的大背景，也使得政府的作用在社区治理过程中尤为关键。

3 成都高新区社区治理创新的必要性分析

成都市高新区始建于1988年,正式成立于1991年,是中国西部招商引资、产业发展、成果孵化、体制创新和创业、工作和生活环境最好的区域之一,在区域发展中长期处于领头羊位置,为带动地区经济发展作出了巨大贡献。在国家转型发展的大背景下,成都高新区面临新的发展机遇;与此同时,高新区独特的发展历程也对今后的社会管理提出了挑战。如何应对这些机遇与挑战?需要转变思路,从基层做起,通过社区治理创新,培养社会资本,夯实经济社会发展的基础,率先实现转型发展。同时,通过社会管理领域的制度创新,继续担当新时期国家与地区发展的排头兵,为国家和地区新一轮的改革开放积累经验。

3.1 国家发展趋势的要求

3.1.1 中国社会经济转型及新型城镇化要求重视社会发展,核心是人的发展

社会发展滞后于经济发展,是改革开放30年以来国家发展的总体态势。国家提出的"落实科学发展观"与"构建社会主义和谐社会"两个在理论层次和角度上有所区别又具有内在统一性的战略性理论以及党的十七大报告中提出的"必须在经济发展的基础上,更加注重社会建设",都是基于对这一发展形势的判断和应对。到十八大召开时,则明确提出要走新型城镇化的发展道路,在促进人的全面发展上取得新成效。这一发展战略的提出,基于以下现实:

(1)改革开放以来,中央政府长期以经济发展为目标,地方政府以经济增长为主要绩效追求。经济上放权和政治上集权的体制改革,使中国取得了经济长期快速增长的巨大成就。但在经济发展的同时,对社会发展的关注相对缺乏,存在经济增长速度与社会进步之间的巨大落差。举例来说,中国的GDP总量在2012年已经达到世界排名第二的水平,但人均GDP只有5000美元,世界排名第104位。城乡收入比从1983年的1.7上升到2011年的3.1,虽在2010年、2011年连续下降,但仍处在国际公认的结构失衡的程度。全国小学和初中生公用经费城乡比分别为1.4∶1和1.3∶1,城乡人均卫生费用比为3.53∶1等则具体说明了城乡二元结构的深化。

(2)20世纪90年代以来的快速城镇化进程,使得大量农民进城,城市规模扩张迅速,旧城区改建活动频繁,带来如下问题:城市规模盲目扩张,土地资源浪费严重;环境污染

严重，交通日趋拥堵；能耗突出，节能减排压力巨大等。同时，快速城镇化进程进一步加剧了城乡差距、社会分配不公等问题。如2005～2009年全国城镇职工与农民工工资收入比从1.73扩大到1.9（2009年城镇职工月平均收入为2687元，农民工月平均收入为1417元）；大部分农民工集中在"城中村"、城乡结合部，居住条件恶劣；农民工及家属的社会保障覆盖水平大约仅为城市户籍人口的1/10等。

（3）不断加大的社会差距已经成为全社会面对的挑战。科学发展观、和谐社会、新型城镇化等概念，就是中央政府针对社会发展现状，从国家战略角度提出的对未来发展的要求。十八大对落实科学发展观的总要求之一就是："必须更加自觉地把以人为本作为深入贯彻落实科学发展观的核心立场，始终把实现好、维护好、发展好最广大人民根本利益作为党和国家一切工作的出发点和落脚点……促进人的全面发展上取得新成效……"（"四个必须"）一个月后的中央经济工作会议再次强调要走"新型城镇化道路"。

当前，新一届政府已明确新型城镇化是经济发展的引擎。新型城镇化的内涵与实质首先就是人的城镇化，核心是市民化。中国自改革开放以来，经历了几十年的经济快速增长阶段，动力主要来自于廉价的劳动力和土地以及外商投资。但随着中国步入中等收入国家的行列，经济增长越来越取决于全要素生产率而不仅仅是劳动或资本的绝对数量投入，劳动者的普遍素质和人力资本积累越来越具有决定性的作用。在这种情况下，我国进城农民工及其家属的非市民化、农民工及其后代无法与经济增长同步升级的缺陷就会日益凸显，经济增长的动力就会显著衰竭，甚至导致经济失速、社会失衡等危机。这一现实对国家治理体系和治理能力提出了严峻的挑战。

从城镇化的本质来说，人的城镇化体现为：一是观念和生活方式的转变，主要表现如表3-1所示；二是新进城居民与原来的城市居民的融合，即城市生态问题。①这两点是以往政策制定者所忽略的内容。今后新型城镇化的政策：一是应该平等对待所有城市居民，特别是让进城农民享受与城市居民同样的待遇，二是通过经济发展，让城市提供足够的就业岗位，也就是进城农民的再发展问题。但让进城农民主动适应生活方式的变化，从观念到行为都能融入城市社会，让自己更好地在城市中生活，却不是简单的自上而下的政策执行所能够实现的目标。人的城镇化更多地需要依赖社区，通过促进居民之间的交往，加强居民对社区的归属感和认同感，关心社区公共事务，才能让城市居民真正成为市民。

---

① 所谓城市生态，是指城区（City District）及其邻近地区的人口统计和社会构成。城市化不仅给城市带来更多的人口，也为城市带来更加多元化的人群。当不同的社会、经济、人口统计和种族亚群（Subgroup）的地理分布发生空间分异的时候，明确的城市生态学图景就开始出现了。新的人口亚群不断来到，旧的人口亚群不断离去，这种人口构成"吐故纳新"的过程便是城市生态演变的过程。

生活与观念城市化的具体内容　　　　　　　　表 3-1

项目	农村	城市
生活方式	粗放的生活方式	集约的生活方式
处世态度	活着是为了吃饭	吃饭是为了活着
价值观念	随意性、家族观念、等级观念	时间观念、民主观念、平等观念
行为模式	散漫行为、短期行为	合作行为、长远行为
心理特征	自卑心理、得过且过心理	自信心理、精益求精心理

资料来源：周一星，陈彦光．城市与城市地理．北京：人民教育出版社，2003．

3.1.2　全球化形势下中国的可持续发展要求实施创新驱动发展战略

当今，世界经济正处于一个调整变化的重要时期，机遇与挑战并存。一方面，自 2008 年国际金融危机以来，世界经济动荡调整，全球宏观经济环境出现重大变化，在发达国家再工业化政策支持下，一部分跨国公司的制造企业向发达国家本土回流，另一部分制造企业或制造环节向劳动力成本更低的发展中国家或地区转移。同时，在经济复苏艰难、需求不振、市场竞争激烈的大背景下，发达国家贸易保护主义抬头，全球贸易和投资环境也出现了新变化。这一新的全球经济形势给我国既有的经济发展方式带来了巨大的挑战。另一方面，我国虽已成为世界第二大经济体，但总体来讲，自主创新能力还不够强，发展方式还比较粗放，在全球产业分工中的地位还比较低。因此，我国迫切需要加快转变经济发展方式，核心是提升自主创新能力，推动经济社会发展走上创新驱动、内生增长、高端引领的轨道。

十八大明确指出，要适应国内外经济形势的新变化，加快形成新的经济发展方式，同时，强调科技创新是提高社会生产力和综合国力的战略支撑，必须摆在国家发展全局的核心位置。为此，中央强调，即将出现的新一轮科技革命和产业变革与我国加快转变经济发展方式形成了历史性交汇，为实施创新驱动发展战略提供了难得的重大机遇。

3.1.3　实现转型发展的路径之一是重视社会资本的培育

为此，我们要认真研究怎样才能促进以人为本的城镇化目标的实现以及如何走上创新驱动的发展路径。虽然各国的经验有所不同，但有一条具有普遍借鉴意义，就是要重视社会资本的力量。社会资本指的是影响社会中社会互动质量的制度、关系及规范。越来越多的证据指出，社会的凝聚与否，对它是否拥有经济繁荣或永续发展有着重要的影响（World Bank，1999）。社会资本理论的提出从一开始就与经济社会发展紧密相连（彭文慧，2013）。社会资本可以作用于不同的分析层面：宏观、中观和微观，国家与区域层面的社会资本属于宏观社会资本。宏观社会资本影响国家与地区的经济表现，因为市场能否有效运作，一方面有赖于信息的顺畅流通，另外还需要能够确保契约或其他协商措施能够被执行。带有以上特征的经济体,有助于下列结果的产生:创新、企业家精神、不惧冒险与投资的精神、有效竞争、资源有效率的分配(David Halpern,2008)。可见,不论从创新驱动的发展战略还是从深化改革促进市场作用更好地发挥的角度来看,加强社会资本的培育,都是我国今后转型发展过程中必须重视的一个方面。

社会资本的重要载体就是社区(张克中,2010)。社会资本具有三种基本元素:网络(network);由群体内的成员所共享的规范、价值观及期待(norms, values and expectances);有助于维持规范及网络运行的约束力量(sanctions)——可能是惩罚或奖励(David Halpern,2008)。国家或区域经济社会发展所需要的宏观层面的社会资本是中观和微观社会资本的累积,宏观层面的社会资本的提高需要通过中观,如社区和社会组织的成长以及微观,如个人与群体的关系的培养来实现,而这两个层面的社会资本,都与社区治理紧密相关。因此,我们可以建立如下认识:通过社区治理,积累社会资本,促进人的发展以及社会经济发展的转型。

3.2 成都市未来发展的要求

成都市是四川省的省会,也是西南地区重要的经济中心和文化中心,在国家西部大开发和成渝经济区发展的政策指引下,成都市早已伴随四川省改革开放的步伐,走在了西部地区发展的前列,尤其在国际化进程方面。

3.2.1 成都市总体上处于投资驱动发展阶段

美国哈佛大学教授迈克尔·波特提出了从增长要素特征的角度来区别经济发展不同阶段的特征。波特根据不同时期推动经济发展的关键要素,将区域发展划分为四个阶段:第一阶段是"要素(劳动力、土地及其他初级资源)推动的阶段"(Factor-driven);第二阶段是"投资推动的阶段"(Investment-driven);第三阶段是"创新推动的阶段"(Innovation-driven);第四阶段是"财富推动的阶段"(Wealth-driven)(Porter,1993)。前三个阶段是区域发展的主要阶段,通常随着发展阶段的推进而带来区域经济的繁荣,而第四个阶段是经济上的转折点,有可能自此而走下坡路。

其中,要素驱动阶段主要是依靠某些具有优势的、相对廉价且充足的生产要素来推动产业发展。投资驱动阶段的发展主要以国家和企业良好的投资意愿和投资实力为基础,通过向更有效率和收益的产业进行投资而获得收益。该阶段产业发展的主要形式表现为筹办合资企业、购买先进技术等。创新驱动阶段则更多地通过技术、产业的不断创新,实现整体的升级发展。财富驱动阶段是借由已获得的财富来驱动发展,金融投资逐渐取代实业投资(温献民,2007)。

根据统计数据的分析结果可以判定成都市还处于投资驱动阶段,表现为:与代表城市相比，2002年以来，成都市的GDP增长率在较长一段时间内保持着持续稳定的水平（图3-1）；从三次产业所占GDP比重这一指标来看，成都市整体上高于全国平均水平，但三次产业结构长期没有得到明显的优化，第三产业比重长期保持在50%～55%之间（图3-2）。这说明成都市面临着产业升级的巨大压力。作为区域中心城市，与北京、上海、广州等特大城市相比，成都市自身区位优势不突出，人口规模、经济总量不够雄厚，必须寻找独特的突破口。

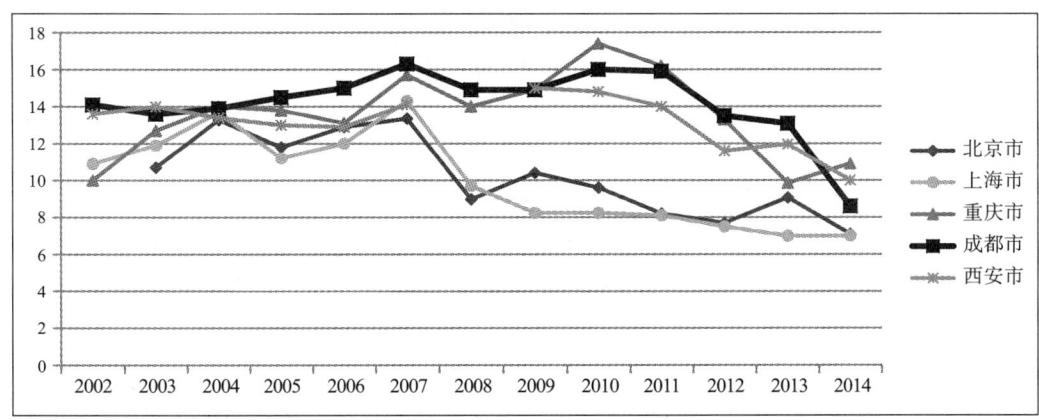

图3-1　2002～2014年代表城市GDP增长率比较（%）

资料来源：中经网统计数据库

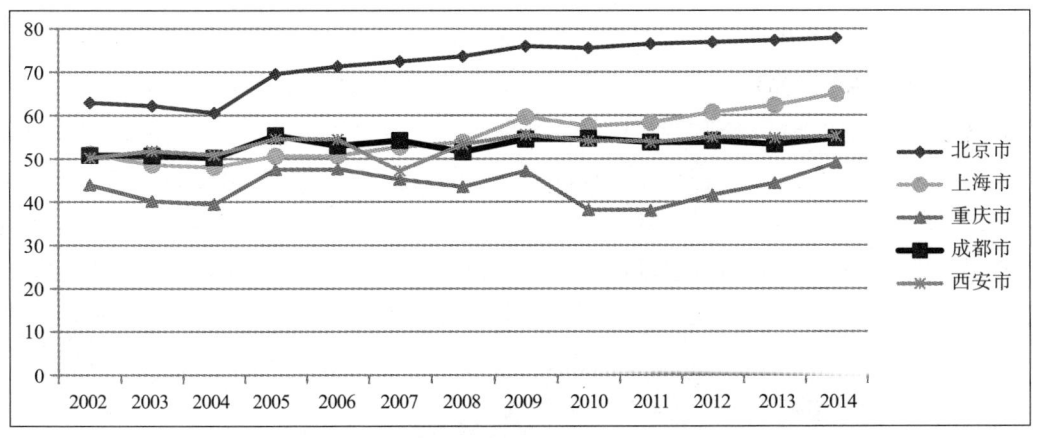

图3-2　代表城市第三产业占GDP比重对比

资料来源：中经网统计数据库

3.2.2　引人瞩目的国际化趋势

近年来成都市所取得的举世瞩目的国际化成就或者可以给出一些启示。2010年，成都市被美国《福布斯》杂志列为全球发展最快的城市；2012年，成都市获选《金融时报》

集团旗下的《外商直接投资（FDI）》杂志评出的"亚太十大最佳外商投资战略城市"之一；2013年，全球财富论坛在成都市召开。至2013年7月，在成都落户的世界500强企业已经达到245家，其中境外企业多达182家。诚然，将成都列为"世界城市"还为时尚早，但能够在短短十年的时间内形成如此显著的国际化特征，足以证明成都市在发展过程中获得的机遇与成就。

成都的国际化进程加快还具体体现在外商投资的跨越式增长、外商投资吸引力不断增强等方面。统计数据显示，2000～2002年，东部沿海还是外商直接投资的主要地区，成都的年度外商投资规模（FDI）仅为4.5亿美元，远远落后于上海（81.1）、广州（21.7）、青岛（39.3）等城市。2010～2012年，成都在吸引外商投资方面强势崛起，年度外商投资规模达到46.4亿美元，大幅缩小了同广州（59.6）和青岛（53.5）等东部沿海城市的差距。

3.2.3 生活环境质量是成都市未来发展的竞争优势

随着成都市对外开放和外商投资的不断增加，市政府也随即提出了建设国际化大都市的战略目标。何谓国际化城市？蔡建明、薛凤旋提出的"六维模型"城市界定法，以政治经济环境、人口和人才、经济活力或控制力、能动性基础设施、生活环境质量、城市综合形象等作为评价维度（蔡建明、薛凤旋，2002）。这六个维度中，成都与其他城市相比，最有竞争优势的就是"生活环境质量"这一项。

一个城市的生活环境质量表现在诸多方面，社区是其中必不可少的一项。比如在西方国家，尤其是北美国家，生活质量的概念框架主要依靠主观的指标来体现。有人通过1500篇有关社会指标的文章，发现有七个方面可用来定义生活满意度，分别是物质福利、健康、生产率、亲密关系、安全、社区和情感幸福（周长城、蔡静诚，2004）。在中国，社区的重要性也日益增强。作为城市的细胞和居民生活的基本单元，社区治理通过动员居民与社会组织的力量，更好地参与社区公共事务的管理，其目标就是创造更好的社区环境，无论是物质环境还是人文环境的改善，都是生活质量提高的真实反映。社区环境改善了，城市及区域发展的社会环境自然会得到改善。因此，社区将是城市未来发展的重要保障。

3.3 成都高新区"三次创业"的要求

在国家和区域的双重约束的发展背景下，成都高新区面临怎样的机遇与挑战呢？根据一些指标的测算，我们的基本判断是：高新区一直是成都市的快速增长地区，在带动成都市经济增长的同时，也面临着自身的发展转型。作为成都市和四川省甚至整个西南部的增长极，与成都市还处于投资驱动的发展阶段相比，成都高新区已经处于创新驱动的转型发展阶段。不论是未来发展趋势、当前的发展阶段，还是现实中面临的各种社会管理的挑战，都要求成都高新区探索社会管理创新。

3.3.1 成都高新区的发展历程

成都高新区是1991年国务院批准的全国首批国家高新技术产业开发区，2006年被科技部批准为全国首批"创建世界一流园区"试点单位，是全国首批版权示范园区、全国首批科技和金融结合试点地区、中国西部首个国家知识产权示范园区，在科技部国家级高新区综合排名中长期位居前列。

成都高新区位于成都市南部，距离成都双流国际机场17km。经过几次园区调整，现有规划面积130km^2，由南部园区和西部园区组成。其中南部园区规划面积为87km^2，西部园区规划面积为43km^2。其相对位置如图3-3所示。

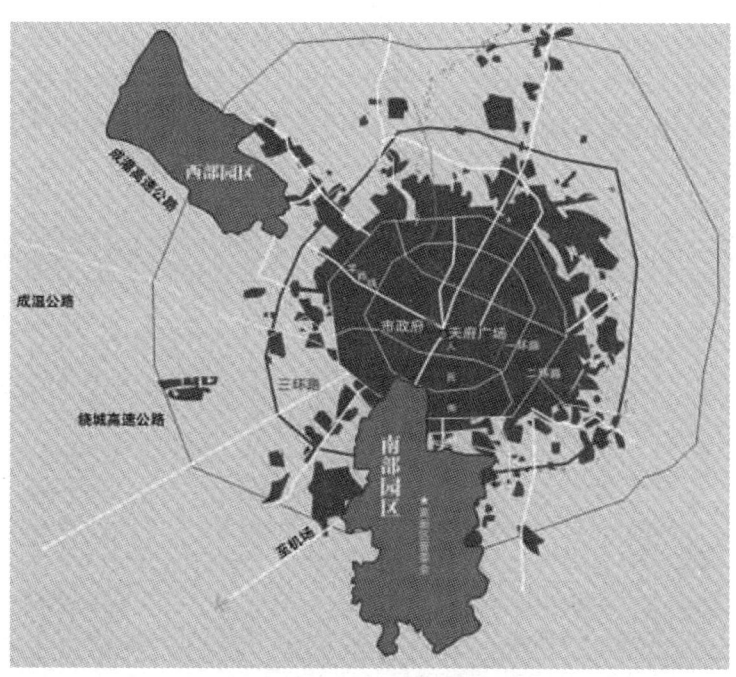

图3-3 成都市高新区的范围和位置

资料来源：http://photocdn.sohu.com/20070607/Img250450922.jpg

高新区通过二十余年的发展，经历了筹建期、创业期、成长期、跨越期四个阶段（张伟，2011）。

（1）筹建期——1988～1991年：成都市高新区筹建于1988年3月，起步区面积2.5km^2。1990年2月获科技部批准，规划面积24.6km^2，先期开发2.5km^2。1990年8月，成都市委、市政府决定成立成都高新区管理委员会，为成都市政府派出机构，负责起步区的建设开发、招商引资、企业服务等。

（2）创业期——1991~1996年：1991年3月6日，成都市高新区被国务院批准为首批国家高新技术产业开发区，规划总面积为21.5km^2。1992年10月，以成都高新区管委会为国有资产的代表，发起成立了成都倍特发展集团股份有限公司，成都高新区管委会与倍特公司管理机构合署办公。获批为国家高新区后，成都高新区进入创业期，实行省市共建、以市为主的管理体制。

（3）成长期——1996~2007年：1996年3月，成都市委、市政府将成都高新区的面积调整为47km^2，同时成立中共成都高新区工作委员会，作为成都市委派出机构，成都高新区党工委与管委会合署办公，行使市级管理权限，统一管理园区内的党务、行政、经济和社会事业。2001年，科技部同意设立成都高新区西部园区，重点发展电子信息和现代中药产业。同年12月，成都市政府将成都高新区西部园区扩大为35.5km^2。2006年10月，成都高新区被科技部确定为全国首批"创建世界一流高科技园区"试点园区。

（4）跨越期——2007年至今：2007年以来，成都高新区进入产业层次升级、创新能力增强、产业规模做大的跨越发展阶段。2007年，园区规划面积扩大至87km^2，2010年再次扩大至130km^2。在这一阶段，成都高新区成功培育了三大主导产业和六大特色产业集群。

成都高新区发展变化简表　　　　　　　　　　　　　　　　　　　　表3-2

阶段	面积	组织结构特征	主体功能发展
筹建期 1988~1991年	2.5km^2 24.5km^2	成都市高新区管委会是市政府派出机构	先期准备，尚不明显
创业期 1991~1996年	21.5km^2	成立国有企业，实现管委会与倍特公司合署办公	被批准为国家高新技术产业开发区
成长期 1996~2007年	47km^2 西部园区新增35.5km^2	成立中共成都高新区工作委员会，作为成都市委派出机构党工委与管委会合署办公，行使市级管理权限	被确定为全国首批"创建世界一流高科技园区"试点园区，重点发展电子信息和现代中药产业
跨越期 2007年至今	2007年为27km^2 2010年为130km^2		三大主导产业和六大特色产业集群

根据以上梳理可以看出，当前成都市高新区处于跨越期，园区面积迅速扩张，以高新技术产业为主导的产业结构发展已经相对成熟，产业集群已经形成，行政管理的组织结构已经较为完善。未来如何继续保持现有发展成效，实现进一步的可持续发展是高新区未来发展所需解决的战略性问题。

3.3.2 成都高新区发展阶段的判断

历经20余年的发展，成都高新区在经济、社会、城市发展等各个方面均取得了显著成就。按照高新区自己的总结，成都高新区在一次创业的10年间，解决了"立区"问题，在二次创业的 10 年间，解决了"兴区"的问题，当前正处于三次创业的关键时期，要力争在 8～10 年的时间内，努力实现成都高新区的"强区"之梦（成高委发（2013）29 号，《推进成都高新区"三次创业"建设世界一流高科技园区》）。按照开发区的发展规律来说，成都高新区到了创新驱动的阶段。

1. 在全国高新区中综合经济实力突出

借鉴华中科技大学何伟军等几位学者的思想，采用主成分分析法对全国 56 个高新技术产业开发区的经济实力进行评价（何伟军、朱春奎、聂鸣、黄花叶，2002）。本节选取《国家高新技术产业开发区综合发展与数据分析报告》中 2010 年、2011 年两年的数据中的 8 项经济指标：园区企业数（个）、从业人员（人）、营业总收入（千元）、工业增加值（千元）、工业总产值（千元）、净利润（千元）、实际上缴税额（千元）、出口创汇（千美元），提取能够整体描述和代表这 8 个指标的主成分，进而根据 56 个高新区的主成分得分进行排序，以获得成都市高新区综合实力在全国层面的排名。分析所得数据如表 3-3 所示。

全国高新区经济指标主成分分析得分与排序　　　　　表 3-3

名称	2010 年主成分得分	2010 年排名	2011 年主成分得分	2011 年排名
北京中关村	5.79609	1	5.72143	1
上海张江	2.18398	2	2.00259	2
深圳	1.10465	3	1.37086	3
广州	1.08657	4	1.03809	6
无锡	0.95493	5	0.83365	8
武汉	0.94082	6	1.06434	5
西安	0.92488	7	1.13355	4
成都	0.80256	8	0.88147	7
天津滨海	0.7137	9	0.61601	10
长春	0.65267	10	0.78554	9
苏州	0.60509	11	0.48387	11
南京	0.45177	12	0.43587	12
佛山	0.15814	13	0.04912	18
大连	0.12935	14	0.07511	17
杭州	0.09369	15	0.10811	16
合肥	0.07604	16	0.18629	13
长沙	0.04307	17	0.17654	14
珠海	0.00107	18	-0.09613	24
常州	-0.01479	19	-0.09124	23
济南	-0.02473	20	-0.07566	22
沈阳	-0.05047	21	-0.04908	20

续表

名称	2010年主成分得分	2010年排名	2011年主成分得分	2011年排名
淄博	−0.06683	22	−0.07037	21
厦门	−0.06971	23	−0.02992	19
潍坊	−0.09789	24	−0.20957	25
郑州	−0.26628	25	−0.23186	26
包头	−0.30021	26	0.1537	15
中山	−0.30159	27	−0.29938	27
太原	−0.30924	28	−0.4314	36
哈尔滨	−0.34577	29	−0.35247	31
吉林	−0.37315	30	−0.3886	33
青岛	−0.37365	31	−0.34797	28
石家庄	−0.38586	32	−0.35061	30
宝鸡	−0.39343	33	−0.43814	37
鞍山	−0.40196	34	−0.35026	29
威海	−0.40301	35	−0.47277	40
大庆	−0.40309	36	−0.37029	32
宁波	−0.40355	37	−0.46053	38
襄樊	−0.43072	38	−0.41182	34
惠州	−0.43487	39	−0.4983	41
南昌	−0.44757	40	−0.42547	35
洛阳	−0.46007	41	−0.50373	42
重庆	−0.49904	42	−0.46379	39
南宁	−0.52657	43	−0.55691	44
保定	−0.52868	44	−0.59724	47
株洲	−0.56669	45	−0.50926	43
昆明	−0.57957	46	−0.59383	46
兰州	−0.58069	47	−0.61775	49
绵阳	−0.59031	48	−0.60995	48
湘潭	−0.67031	49	−0.67554	50
福州	−0.67678	50	−0.70686	51
泰州	−0.68719	51	−0.72967	52
桂林	−0.69693	52	−0.73948	53
贵阳	−0.70166	53	−0.5641	45
海口	−0.84472	54	−0.88163	54
乌鲁木齐	−0.85123	55	−0.91777	55
杨凌	−0.96029	56	−0.99677	56

通过全国层面的数据比较，可以看出成都高新区的综合实力相对较好，在2010年与2011年分别位列第8名和第7名，仅次于东部沿海发达地区的传统优势高新区，在西部地区的13个高新区中（成都、重庆、绵阳、贵阳、昆明、南宁、桂林、西安、宝鸡、杨凌、兰州、乌鲁木齐、包头），也仅次于西安，领先其他11个西部地区高新区。

2. 在成都市处于绝对领先地位

通过选取《成都市统计年鉴（2011）》和《成都市高新区统计年鉴（2011）》中2010年的主要经济与社会发展指标，横向对比了成都高新区与成都市整体经济社会发展水平现状，具体数据如表3-4所示。

高新区与成都市整体水平数据比较分析表　　　　　　　　　　　表3-4

指标名称	成都市整体数据	高新区数据	高新区占成都市比例
年末总人数（万人）	1149.07	32.72	2.8%
从业人员数（万人）	752.78	29.26	3.9%
地区生产总值（亿元）	4502.6	538.9	11.9%
城市居民人均可支配收入（元）	20835	23294	111.8%
每百户居民家庭拥有家用汽车数（辆）	22.6	31.43	139.1%
每百户居民家庭拥有家用电脑数（台）	89.2	70.37	78.9%

资料来源：《成都市统计年鉴（2011）》《成都市高新区统计年鉴（2011）》

根据数据分析结果可以得出，高新区实现了以较少的从业人员贡献很大的地区生产总值，其综合经济水平、生产效率等处于全市领先地位。高新区居民的可支配收入也较之全市水平高出近1/10。整体而言，高新区位于成都市各城区发展的领先行列。

3. 高新区即将迈入创新驱动的转型发展阶段

根据波特的理论，成都市的产业发展正处于投资驱动阶段。但作为成都市产业发展龙头的高新区，已经有迹象将要迈入下一个阶段，即创新驱动的阶段。

通过收集与分析全国56个国家级高新技术产业开发区总产值（Gross Output Value），对总产值的增长速度进行计算与比较。首先将成都高新区与全国水平和西部地区的增速进行比较，同时也选取了北京、天津、上海、重庆、西安五个代表城市进行横向比较，数据分析与比较结果如图3-4、图3-5所示。

根据以上数据分析结果可以看出，成都高新区经济增长速度已经逐渐降低。在全国整体水平和西部地区能够实现持续且稳定增速的背景下，成都高新区的经济增长速度自2007年后开始下降。尤其是2010～2011年，增速下降了25%。成都高新区经济增速落后于整个西部地区高新区，说明过去的经济发展方式已经到达拐点，产业调整与升级势在必行，亟须探索创新驱动的发展战略。

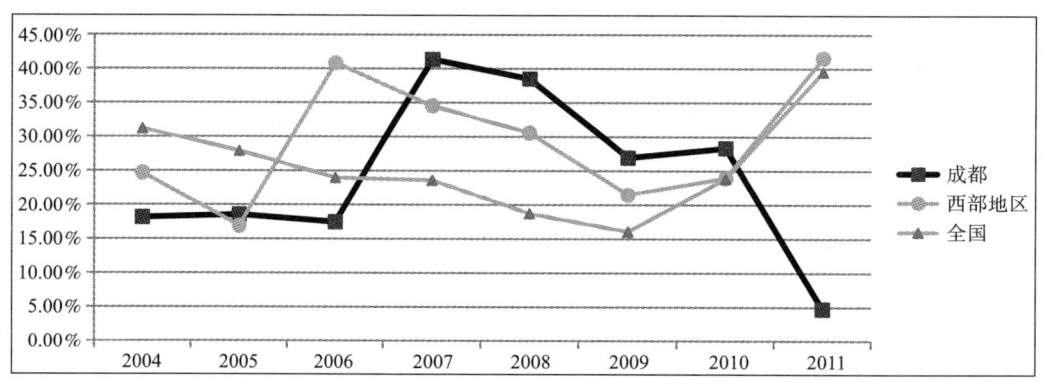

图 3-4 成都市高新区总产值增速与全国及西部地区的比较

资料来源：《中国科技统计年鉴》（2004-2012）

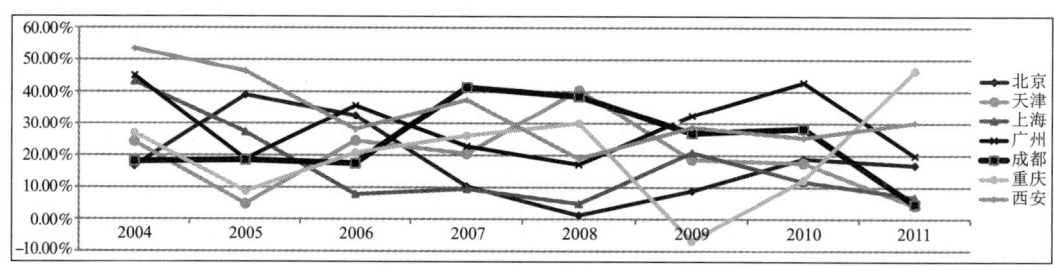

图 3-5 代表城市高新区总产值增速比较

资料来源：《中国科技统计年鉴》（2004-2012）

与此同时，四川省、成都市以及高新区自身，都对高新区今后的发展提出了新要求。省市要求加快发展、领先发展，要求高新区率先提质升位，率先转型升级，为全省、全市的新一轮发展贡献力量。高新区在新一届领导班子上任后，审时度势，通过分析全球、全国发展格局的变化趋势，提出了"三次创业建设世界一流高科技园区"的发展目标，并具体体现为"一个目标、三步走、四个基本遵循、五区定位和七个方面的主要任务"的核心内容，具体包括"使经济发展更多依靠现代服务业和战略性新兴产业带动，更多依靠科技进步、劳动者素质提高、管理创新驱动，更多依靠节约资源和循环经济推动，加快形成新的发展方式，不断增强成都高新区长远发展后劲"等内容（成都高新区党工委书记刘超《推进成都高新区"三次创业"建设世界一流高科技园区——在成都高新区工作会议第一次全体会议上的讲话》，2013年10月16日）。可见，我们对于创新驱动阶段的判断，与高新区自身的认识基本一致。

3.3.3 高新区创新转型发展面临的挑战

在创新驱动阶段，产业发展重点从一般制造业过渡到高新技术产业和现代服务业，从资本密集型产业逐渐过渡到知识密集型产业。虽然成都高新区正处于转型阶段，但从城市发展阶段的客观规律来看,对于即将到来的创新驱动阶段,高新区还面临诸多挑战,至少包括第三产业比重低、技术性收入比例较低以及中高端人才相对较少等几个方面。

1. 第三产业比重过低

城市产业的发展与结构升级以及主导产业的演替与城市发展的生命周期紧密相联。成都高新区自设立以来,始终将以电子、医药为代表的高新技术产业作为主导产业进行发展。然而第二产业是否能够可持续地推进城市发展、成都高新区想要实现转型升级是否能够单独依靠第二产业,则需要进一步分析。对成都市高新区第二、第三产业产值及各自占GDP总量的百分比进行梳理,其结果如图3-6所示。

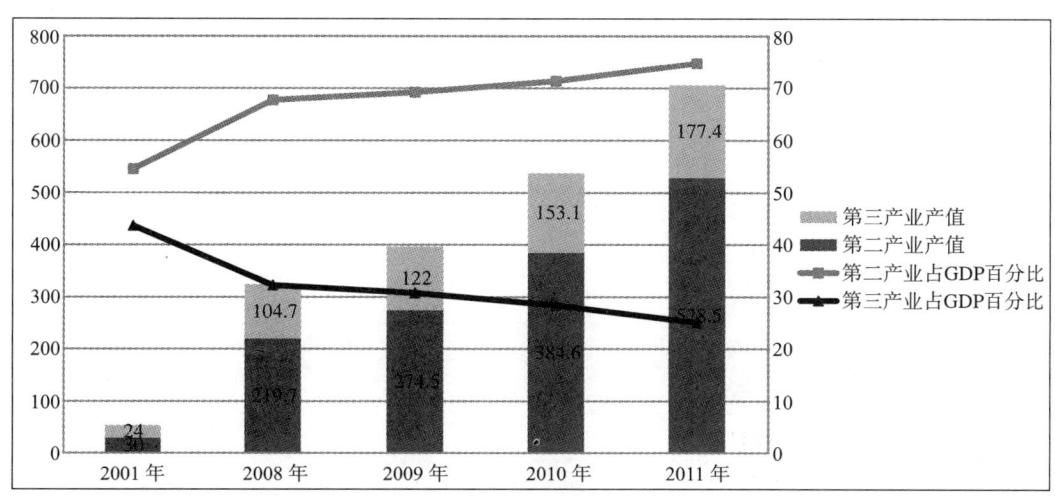

图3-6 成都高新区产业结构图
资料来源:《成都市高新区统计年鉴》(2009-2012)

根据图3-6可以得出,2008～2011年,第二、第三产业都有显著增长,但第三产业增速落后于第二产业。此外,第二产业占GDP百分比逐年上升,至2011年,已达到74.81%。第三产业占GDP百分比则逐年下降,自2001年的43.64%下降至2011年的25.11%。

另外,根据国际经验,三次产业产出值比例:高收入国家为2∶32∶66,中等收入国家为11∶35∶52,低收入国家为25∶38∶35。中国目前是5.72∶48.71∶45.56,成都市为1.64∶44.55∶53.81,成都高新区为0.085∶74.81∶25.11(以上皆为2011年数据)。由此可见,高新区的三产结构调整还有较大空间。

以上数据显示,成都高新区成立组建后,以高新技术产业为主导的第二产业得到了迅速发展,但第二产业占GDP比重逐年上升且比例过高,尤其是近4年来,第三产业占比逐年下降,并不利于产业结构的优化升级。成都高新区想要转型,实现经济和社会发展的突破,需要将关注点落在第三产业的扶植与培育方面。

2. 技术性收入比例较低

不断发展且占有较高比重的第二产业是否具有较高的产业效率也是判断产业发展状态的一个重要指标。通过技术性收入和实交税金来衡量成都高新区的产业效率和创收能力可以帮助了解第二产业的实际发展质量。以 2010 年数据为例，分析结果如表 3-5 所示。

2010 年全国高新区相关指标排名情况　　表 3-5

	技术性收入（万元）	技术性收入排名	技术性收入占总收入比重	技术性收入占总收入比重排名
北 京	24780943.6	1	15.55%	5
天 津	2520274.2	8	8.36%	13
石家庄	1338914.7	13	10.69%	10
保 定	1740.59	54	0.02%	56
太 原	728850.1	20	5.77%	20
包 头	153613.665	31	1.41%	33
沈 阳	2316165.1	9	12.76%	9
大 连	2111161.6	10	12.99%	8
鞍 山	684269.4	21	6.64%	19
长 春	51066.9	41	0.18%	50
吉 林	185222.1	29	1.78%	30
哈尔滨	69727.2	38	0.58%	38
大 庆	457607.8	24	4.58%	23
上 海	4430488.5	5	7.63%	14
南 京	461055.793	23	1.66%	31
常 州	41302.9	44	0.27%	47
无 锡	236193.8	27	0.78%	35
苏 州	1052550.3	15	4.76%	22
泰 州	24352.8	47	0.47%	39
杭 州	4859457.2	4	26.70%	1
宁 波	736926.6	19	6.68%	18
合 肥	267274.9746	26	1.84%	29
福 州	106106.7	33	2.24%	26
厦 门	60895.8	40	0.45%	43
南 昌	181858.8	30	2.17%	27
济 南	2951631.7	6	19.52%	3

续表

	技术性收入（万元）	技术性收入排名	技术性收入占总收入比重	技术性收入占总收入比重排名
青岛	49524.151	42	0.38%	44
淄博	857177.3	18	5.56%	21
潍坊	69245.5	39	0.45%	42
威海	10987.3	51	0.12%	51
郑州	861520.5	17	6.81%	16
洛阳	666200.874	22	7.33%	15
武汉	2648613.873	7	9.05%	12
襄樊	953508.5	16	9.34%	11
长沙	436758.344	25	2.37%	25
株州	25010.9	46	0.34%	45
湘潭	19841.4	49	0.32%	46
广州	5145066.098	3	15.07%	6
深圳	214093.603	28	0.69%	37
珠海	91748.637	35	0.71%	36
惠州	4025	53	0.05%	55
中山	24195.8	48	0.22%	48
佛山	39736.2	45	0.21%	49
南宁	1063124.7	14	15.63%	4
桂林	18260.3	50	0.47%	40
海南	1376	55	0.06%	54
成都	1911755.997	12	6.68%	17
重庆	2107007.6	11	22.93%	2
绵阳	5147.1	52	0.08%	52
贵阳	92643	34	2.09%	28
昆明	142038	32	1.54%	32
西安	5268721.241	2	15.03%	7
宝鸡	44839.285	43	0.47%	41
杨凌	538.9	56	0.06%	53
兰州	79132.1	36	0.92%	34
乌鲁木齐	70101.6	37	2.52%	24

资料来源:《中国科技统计年鉴（2011）》

由以上数据分析结果可得，以技术性收入衡量56个国家级高新区的产业效率和创收能力，成都市高新区分别位列第12位和第17位。

技术性收入是考核高新区与高新技术企业的重要指标，《国家高新技术产业开发区高新技术企业认定条件和办法》规定，高新技术企业的技术性收入与高新技术产品销售收入的总和占本企业当年总收入的60%以上，是认证高新技术企业的必备指标。成都高新区的全年收入在所有国家级高新区中排第9位，但其技术性收入比例仅为6.68%，排在第17位。这说明，高新技术产业在成都高新区还有较大的发展空间，需要在今后的产业发展中进一步加强。

3. 中高端人才相对较少

不论是发展高端产业还是开展创新战略，都离不开人才。习总书记在十八大讲话中也提到当今世界国家综合国力的竞争的核心是人才的竞争。那么，靠什么吸引和留住人才呢？除了市场和机会，还要有安全、法治与公平。国家如此，城市也是如此。

我们以从业人员中具有中、高级职称的人数来分析成都高新区的人才储备情况，发现成都高新区虽然在从业人员的绝对数量上处于全国较为领先的位置，为全国第9名，同时具有中、高级职称的人数也相对领先，为全国第8名，然而，具有中、高级职称的人数占总体从业人数的比例排名却位于全国的中后段，为第26名。由此可以推断，成都市高新区从业人员中、高级人才比例较低（表3-6）。

2011年全国高新区企业从业人员数量即构成的排名情况　　　　表3-6

高新区名称	高新区企业从业人员数（人）	从业人员数排名	具有中、高级职称人员数	具有中、高级职称人员数排名	具有中、高级职称人数占总人数比例	具有中、高级职称人数占总人数比例排名
中关村	1384890	1	209037	1	0.150941	16
天津滨海	294333	7	24835	14	0.084377	44
石家庄	80946	47	18671	21	0.23066	4
保定	86304	43	6499	48	0.075304	46
太原	113446	34	21847	16	0.192576	6
包头	112350	35	20708	19	0.184317	8
沈阳	159717	17	27974	10	0.175147	10
大连	204914	12	37556	6	0.183277	9
鞍山	85447	45	14281	30	0.167133	11
长春	145415	20	17784	23	0.122298	28
吉林	130140	24	17784	22	0.136653	23
哈尔滨	130251	23	20764	18	0.159415	14

续表

高新区名称	高新区企业从业人员数（人）	从业人员数排名	具有中、高级职称人员数	具有中、高级职称人员数排名	具有中、高级职称人数占总人数比例	具有中、高级职称人数占总人数比例排名
大　庆	104443	36	15357	27	0.147037	17
上海张江	383722	2	40136	5	0.104597	34
南　京	168507	16	15594	25	0.092542	41
常　州	158167	19	8495	43	0.053709	51
无　锡	325871	6	22458	15	0.068917	47
苏　州	227562	11	13944	31	0.061276	48
泰　州	32952	54	1992	54	0.060452	49
杭　州	245006	10	26581	11	0.108491	33
宁　波	100802	37	7792	44	0.0773	45
合　肥	119457	29	15460	26	0.129419	27
福　州	60824	52	5700	50	0.093713	40
厦　门	139896	21	6344	49	0.045348	53
南　昌	98825	38	13604	33	0.137657	20
济　南	159314	18	25893	12	0.162528	12
青　岛	95957	41	13155	35	0.137093	22
淄　博	115613	32	15612	24	0.135037	25
潍　坊	126403	25	12873	36	0.101841	36
威　海	78189	48	9315	41	0.119134	30
郑　州	118023	30	21765	17	0.184413	7
洛　阳	96398	40	15047	28	0.156092	15
武　汉	360935	3	71709	4	0.198676	5
襄　樊	98242	39	13523	34	0.13765	21
长　沙	184645	14	25100	13	0.135937	24
株　洲	94041	42	13796	32	0.146702	18
湘　潭	62735	51	6520	46	0.103929	35
广　州	357604	4	34688	7	0.097001	39
深　圳	347813	5	88083	2	0.253248	3
珠　海	171475	15	9954	40	0.058049	50
惠　州	121482	27	5261	51	0.043307	55

续表

高新区名称	高新区企业从业人员数（人）	从业人员数排名	具有中、高级职称人员数	具有中、高级职称人员数排名	具有中、高级职称人数占总人数比例	具有中、高级职称人数占总人数比例排名
中 山	81371	46	33440	9	0.410957	1
佛 山	188770	13	8502	42	0.045039	54
南 宁	115775	31	18706	20	0.161572	13
桂 林	73208	49	6514	47	0.088979	42
海 口	30359	55	1426	56	0.046971	52
重 庆	132179	22	11491	39	0.086935	43
成 都	262563	9	34665	8	0.132025	26
绵 阳	115102	33	4813	52	0.041815	56
贵 阳	126081	26	12265	37	0.097279	38
昆 明	64966	50	7634	45	0.117508	31
西 安	285859	8	86039	3	0.300984	2
宝 鸡	120029	28	14349	29	0.119546	29
杨 凌	14381	56	1639	55	0.11397	32
兰 州	85814	44	11948	38	0.139231	19
乌鲁木齐	46277	53	4636	53	0.100179	37

资料来源：《中国科技统计年鉴》（2012）

约翰·奈斯比特在《成都调查》一书中也提到，尽管以英特尔为代表的大量世界500强企业因为商务环境和政府的支持而选择成都，但不可否认的是这些企业依旧面临巨大的人才缺口问题，特别是高级管理人才，而且这一问题在短时间内不可能得到解决。

通过借鉴纽约、伦敦、东京等国际城市的产业结构演变历程可得，城市产业结构升级的方向是发展以新型服务业为主导的第三产业。在我国，国际性、国家性的服务中心竞争十分激烈，北京、上海、广州等大城市都在向这个目标努力。成都市作为西南地区的核心城市，应当将成为区域的服务中心作为其产业升级的战略目标。高新区作为成都市经济发展处于绝对领先地位的城区，其城市基础设施相对较好，实现产业结构升级的基础也更好。在推进高新技术产业向现代服务业转型的过程中，尤其要注重完善社会环境，为服务业的发展打好基础，同时也要保证经济与社会发展的速度、效果之间的平衡。在改善社会环境的过程中，更要注重社区治理，简而言之，如果成都高新区在城市与产业发展的成熟期想要引导成都市成为西南地区的服务中心的话，就需要推进以现代服务业为主导的产业结构升级，这同时也呼唤着良好的社会环境。

3.4 社区治理是转型发展阶段的必要性工作

转型包括经济发展转型和社会发展转型，前者主要是产业结构升级转型，后者则内涵更加丰富，既包括人的观念和生活方式的变化，即城镇化的深化，还包括社会结构以及社会治理结构的深刻变化。不论是经济发展转型还是社会发展转型，社区都具有不可忽视的作用。对于成都高新区政府来说，更需要从社区治理创新的角度，一方面解决当前社会管理中存在的大量现实问题，另一方面培育社会资本，促进创新驱动发展阶段的到来。

3.4.1 创新驱动阶段政府的责任

尽管创新驱动发展已经上升到国家战略，高新区也提出大力实施创新驱动发展战略，但创新发展并不容易，意味着要摆脱原有的路径依赖，重新认识新的发展阶段所需要的发展要素，才能真正实现转型。这一过程中，政府的责任依然不可推卸。

1. 区域创新体系的构成

创新驱动战略要求形成区域创新体系，在这个体系中，社区治理通过培育社会资本，帮助各创新主体之间形成规范和有活力的社会交往关系，促进知识的形成、利用和扩散，增强区域创新能力和竞争力。

创新理论形成于 20 世纪初。1912 年哈佛大学教授熊彼特（Schumpeter）第一次把创新这个概念引入经济发展研究领域，并从经济学的角度进行了定义。他认为，创新就是建立一种生产函数，实现生产要素从未有过的组合。一个经济体，若没有创新，就是一个静态的没有发展和增长的经济。经济之所以不断发展，就是因为在经济体系中不断引入创新，创新是区域发展的最主要的动力，区域创新是区域发展的必由之路。德鲁克（Drucker）则把创新的概念引入了管理学领域，认为创新就是赋予资源以新的创造财富的能力。诺斯（North）进一步提出制度创新的概念，认为制度创新是在人们现有的生产和生活环境条件下，通过创设新的、更能有效激励人们行为的制度来实现社会的优化发展。总之，创新不单是一个技术概念，而且是一个综合的社会经济概念（郑国、秦波，2009）。

创新不可能独立发生，需要一定的环境条件。对地区发展来讲，就是需要形成一个创新体系。鉴于以上理论渊源，中国科技发展研究小组在《中国区域创新能力报告》中，将区域创新体系定义为"一个区域内有特色的、与地区资源关联的、推进创新的制度组织网络"，并提出了区域技术创新能力分析的框架和指标体系，包括知识创造、知识流动、企业技术创新能力、创新环境和创新的经济绩效五个方面（注：该报告以省为单位进行评估，四川省未进前十）。

李福刚和王学军（2007）将区域创新体系的内涵概括为 5 个方面：一是具有一定的地域空间和开放的边界；二是以生产企业、研究与开发机构、高等院校、地方政府机构和服务机构为主要的创新主体；三是不同创新主体之间的社会交互作用构成了创新体系的组织和空间结构，从而形成一个社会系统；四是把制度因素摆在突出的位置上加以考虑，强调制度因素和治理安排对于知识的形成、利用和扩散的重要作用；五是以促进区域内创新活动为目的，鼓励区域内的企业充分利用地域范围内的社会关系、规范、价值和交互作用等来形成特殊形式的资本（如社会资本），以增强区域创新能力和竞争力。其中，前两个方面属于硬件，较易达到，后三个方面则属于软环境，或者称为软实力，也是真正凸显区域差异的方面，正是在这个领域，社会资本成为沟通各创新主体的核心要素，而社区治理是培育社会资本的重要途径。

2. 政府在创新驱动发展阶段的角色转变

高新区的全称是高新技术产业园区，本质上是一种作为政策区的园区、开发区。但开发区只是一种空间手段，在特定时期，将短缺的资金、人才、政策汇集在该空间，很快形成生产力，改变城市面貌，这种模式的积极意义较大。如果长期依赖该政策手段，其创新意义就下降了，特别是当土地、环境等要素已经变为稀缺资源时，表现为后续发展的动力不足。因此，全国各地的高新区普遍面临转型发展的压力。地方政府作为创新的主体之一，实际上在中国的区域创新中依然发挥着重要作用。

对于成都高新区来说，在走向创新驱动的发展阶段时，政府应该如何定位才能促进发展呢？与以往的发展阶段不同的是，地方政府在创新驱动阶段，应更注重服务，工作重点转向改善社会环境，提升社会资本。结合高新区的发展历程、当前的国家和区域发展要求以及区域创新体系的构成等内容，我们以成都高新区为代表，梳理不同发展阶段的表现特点和动力机制（表3-7）。

成都高新区不同发展阶段的表现特点和动力机制　　表3-7

所属阶段	一次创业	二次创业	三次创业
发展重点	企业集聚	产业集群	创新导向
园区形态	工业区	开发区	综合新城
主导动力	成本驱动	生产驱动	创新驱动
企业需求	廉价土地与劳动力 七通一平	同行集中产业配套	强大的社会资本一流的创新服务平台
空间组织	基于功能分区	基于产业链	基于创新网络
功能定位	产业为主，研发为辅	产业、研发为主 城市功能为辅	产业、研发和城市功能并重
人地关系导向	资源消耗型 环境破坏型	资源节约型 环境友好型	资源节约型、环境友好型社会和谐型
创新模式	很少创新	模仿创新	自主创新
制度背景	地方政府企业化	企业划桨、政府掌舵	构建服务型政府
开发主体	政企合一	政企分离，合作开发	政府引导，企业主导、体系支撑

这张表里要求在创新驱动发展阶段，政府的定位是服务型政府。早在 2005 年的十届全国人大三次会议《政府工作报告》中，温家宝总理就明确指出要努力建设服务型政府。其内涵被界定为（张再生，2007）：创新政府管理方式，寓管理于服务之中，更好地为基层、企业和社会公众服务。……让人民群众更广泛地参与公共事务管理等。这一目标与十八大提出的国家治理体系和治理能力现代化的目标具有内在的逻辑一致性。治理（Governance）的提出本身就反映了政府的新的公共管理技术。从管理理念上来说，治理意味着以人为本，而不是以管为本，要推进的是一组新的人类关系：在公共事务领域，人是目的，人与人之间是平等的，各区域的发展也是平等的（毛寿龙，2007）。

当前，中国已经进入社会矛盾突发和高发期，为了消除社会发展的不协调和不平衡问题，政府管理的职能定位需要从"经济发展目标优先"转移到"经济发展与公共服务目标并重"上来。这些转变反映到政府职能的转变，表现在市场竞争领域是退出，但是在市场监管、公共服务和社会管理领域，则是强化政府职能（杨宏山，2007）。这些转变也逐渐落实到地方政府的施政纲领里。成都高新区党工委和政府为实现三次创业目标，提出了 7 个方面的重点工作，其中第五个方面的工作就是"加快推进社会建设，形成经济社会协调发展新格局"，提出要"在推动经济加快发展的同时，更加鲜明地推动发展惠及民生，构建完善的现代社会管理和社会服务体系，大力加强社会建设，提升社会文明程度，促进经济社会协调发展，让辖区居民共创共享改革发展成果。"其中第二条措施是："加强和创新社会管理。按照党委领导、政府负责、社会协同、公众参与、法治保障的思路，加强基层社会管理和服务体系建设，进一步增强街道的社会管理、维护稳定、服务群众职能和社区的自治管理、服务功能，积极完善现代社区管理机制；充分发挥群众参与社会管理的基础作用。加强社会工作专业人才队伍建设，完善政府向社会组织购买公共服务的机制，引导社会组织健康有序发展。"这说明高新区政府已经认识到在新的发展阶段政府的角色需要改变，其中创新社会管理，包括推动社区自治和引入社会组织参与社区发展，也就是所谓的社区治理创新，都是必要的工作内容。

3.4.2 社区治理是创新驱动阶段重要的间接政策抓手

那么，社区治理创新对高新区今后的发展将产生哪些影响，或者说具有什么实践指导意义呢？

首先，社区治理是体现政府对城市发展责任的新领域，并符合国家和地区发展要求。社区能够做到市场和政府都不能做到的事情。社区治理则能够收集社区成员分散的行为、能力和需求信息，并根据其成员是否遵守社会规范进行奖励和惩罚。与国家和市场相比，社区能更有效地培育和利用人们传统上形成的规范共同行为的激励机制，如信任、团结、互惠、名誉、尊敬等社会资本（夏建中，2012）。这些社会资本是一个和谐社会所应该具备的基本特质，也是高新区下一步创新驱动发展所需要的社会环境。

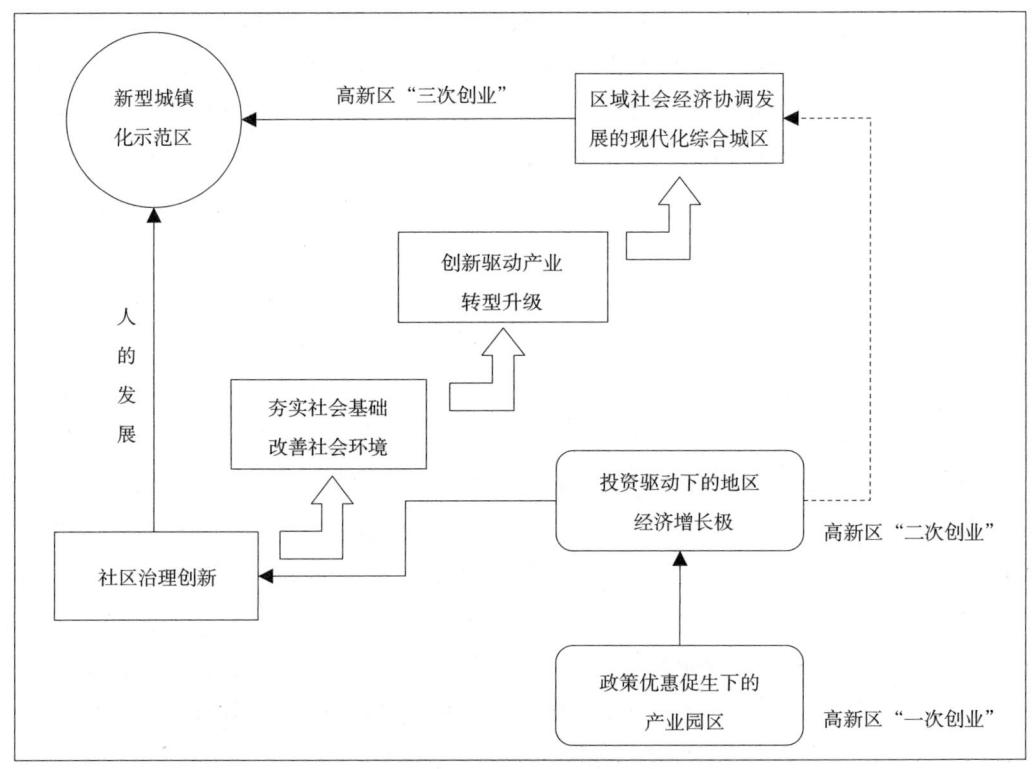

图 3-7 高新区实现转型发展的路径图

其次,在城市发展过程中,伴随着经济增长和城市基础设施等硬件的建设,对社会软环境的改善也应加快脚步,与城市发展速度相匹配。从全国平均水平来看,尽管成都高新区在全体高新人的努力以及各级政府的支持下,取得了令人瞩目的成绩,在成都市、四川省甚至整个西南部地区都一枝独秀。但不断加大的区域内部差异对高新区今后的发展是利还是弊?在长期持续的经济快速增长的同时,是否需要思考社会发展相对落后所形成的落差?比如由于历史原因,高新区内居住着大量外来人口、农转非居民以及大量行政村,先进发达的高新技术产业定位和人力资源相对落后的社会人群之间存在着巨大的落差,为高新区今后的可持续发展带来了挑战。要弥补经济发展、城市建设与社会发展之间的落差,需要政府在今后花费更多精力去关注社会环境的改善。城市发展转型和持续性的经济社会发展都离不开优良稳定的社会环境,而构成和影响社会环境的最基本单元是城市社区。因此,社会环境的改善同样需要从社区治理做起。

总之,创新是一个综合概念,需要从多方面开展工作。就政府在其中的角色而言,未来改革的方向是政府在经济发展领域尽量少干预,做好社会全面发展的基础性工作,特别是在社会管理领域。综合全国社会管理的现况和成都高新区的发展要求,我们认为社会管理领域的创新是一条必要的途径,并且特别需要从社区做起。如果成都高新区在这一领域能够领先一步，不仅给全国高新区的社会经济转型树立了榜样，对于中国今后的新型城镇化和国家治理能力现代化目标的实现，都具有引领示范作用。这就是所谓的间接政策，也就是说，政府进行社区治理改革，是间接促进社会经济转型发展的一项重要制度创新。

3.4.3 高新区具备的社区治理创新优势

综合以上分析可以得知，无论是国家的社会经济转型和新型城镇化的发展趋势还是区域的发展要求以及高新区自身面临的现实问题，都说明了进行社区治理创新的必要性。此外，成都高新区在社区治理创新方面也已经具备一定的基础。

1. 行政管理体制相对高效

成都市高新区的行政管理体制被称为"派出式管理制"。这种管理体制是由政府或政府派出机构行使行政管理职能，其形式是由政府牵头组织有关职能部门组成领导小组，负责指导、协调和决策。具体做法是在高新区内成立管委会，作为政府派出机构，负责高技术企业审批及政府授权的其他行政管理工作。这种管理体制与通行的市-区政府式管理体制相比，较为精简高效。

同时，这一独特的管理体制本身作为一种时代创新，因全面承担了区域管理的职能，党务、经济、行政和社会事务管理必须统筹兼顾，因此更需要基层政府的大力支持，更愿意尝试权力下放，客观上为以动员多方面社会力量参与社区公共事务为目的的社区治理创新提供了空间。

2. 有一定的社区治理基础

成都高新区在推进社区治理创新、实现基层自治，进而改善社会环境、完善公共服务方面已经积累了一定的成功经验。以成都高新区肖家河街道"三驾马车"院落自治体系为例：该街道在高新区创新了社区管理制度，建立了以院落党组织、院落议事会和院落居民自治委员会为核心的"三驾马车"式院落自治模式。这种模式引导辖区群众自我管理、自我服务、自我教育和自我监督，将脏、乱、差的社区逐步变成了整洁、安全、和谐和管理有序的社区，树立了立足基层、勇于创新、踏踏实实、从我做起、放权于民的基层治理新典范。通过组织创新、制度创新、理念创新和管理创新，培育新义化，培养和提高了社区居民的主人翁精神、负责精神、守法意识和社会文明精神，为新型城市化时期的社会管理创新提供了有益的借鉴（徐传峰、李东泉，2013）。

"三驾马车"式院落自治模式是根源于成都高新区最为真实的社区治理创新需求的产物，紧密地结合了成都高新区社会发展转型的需求，有很强的推广性，也为今后的社区治理创新奠定了基础，积累了经验。

3. 高新区一贯秉承的创新精神

高新区本身是中国改革开放以后经济制度创新的产物。当前，成都高新区如同全国其他高新区一样，同样面临这样的转型发展要求：一方面，之前一轮的以高新技术产业为核心的主导产业已经相对成熟，新一轮以服务业为代表的第三产业还尚未发展成熟，不能成为城区的核心竞争力；另一方面，高新区与全国同时向工业化后期转型；高新区作为城市化的缩影与先驱，转型期的各类社会矛盾与问题的出现频率和程度都高于全国平均水平。以高新区的经济发展所遭遇的问题为例，近年来各高新区之间的竞争日益激烈。其自建立以来的持续高速发展主要得益于政策扶持，然而在国际层面，根据世贸组织的规则，许多技术、产品、投资与收益等都需实行均等政策。同时，高新区的政策开始被一般城区所仿效，其对于现今技术、人才与资本的吸引力不断减弱。此外，高新区之间的竞争不遵循市场经济规律，采取恶意降低土地价格、税收减免、配套融资以及政府提供启动资金等优惠政策，很大程度上直接损害了地方政府的切实利益（张艳，2008）。如今，政策红利已逐渐淡化、消失，区域间竞争白热化等问题都会制约高新区新一轮的产业升级和经济发展转型。这些发展转型过程中所遭遇的问题与困境，都促使高新区要尝试建立一个完善、稳定的社会环境，为向第三产业为主导的产业升级提供基础和保障。

高新区作为城市经济、社会发展的缩影，其经济发展呈现着阶段性的突出特征和规律。认清高新区所处的发展阶段，有利于高新区的管理者和决策者正确把握高新区的发展形势，制定适合高新区的发展战略、出台支持高新区发展的政策措施（朱华晟、刘鹤、吴骏毅、李伟，2009）。成都优良的自然条件、丰厚的文化底蕴和民间自有的包容心态，一直为成都高新区的发展提供着创新的活力，但从综合区位条件来看，与北京、上海、广州、深圳等一线城市还存在差距。因此，成都在面临转型发展的关键时期，必须另辟捷径，充分发扬高新区一贯的创新精神，则可百尺竿头，更进一步。

3.5 小结：社区治理与成都高新区转型和创新驱动发展之间的内在关系

积极健康、富有品位的文化氛围，安定、诚信、和谐的社会环境，良好的社会关系网络，优厚的福利与保障体系等指向现代人更高层次需求的社会因素，毫无疑问将成为城市在新一轮竞争中吸纳资本、积聚人才的最为重要的"法宝"。实现这些要求的重要载体，就是城市社区。社区治理的最终目标是改善社会环境。结合区域发展面临的挑战，改善社会环境将有利于形成社会环境、人才技术与资本、经济发展之间的良性循环，最终实现社会与经济的同步和互动发展。可以建立这样的认识：高新区通过社区治理创新，达到改善基础设施建设、完善社区的人文环境的目的，进而吸引更多的资源，从而实现产业结构的升级和社会经济发展的转型。这一认识可以进一步表述如图3-8所示。

社会环境吸引高素质人才—高素质人才携带先进技术与资本—技术与资本进一步推动经济发展—经济发展呼唤更好的社会环境—社会环境再改善升级。通过这种良性循环，可以实现社会发展与经济进步的高效互动，推动高新区不断向前迈进，提升高新区的综合竞争力。

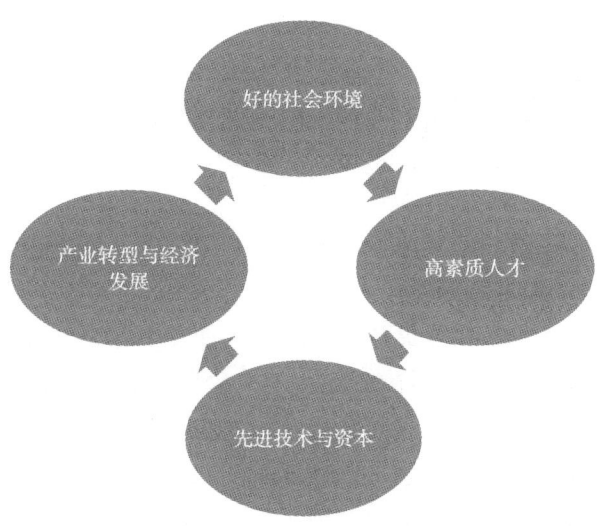

图 3-8　良性循环示意图

社区治理创新的核心内容是通过构建政府、居民与社会组织三者的良性互动关系，改善社会环境，促进高新区全面发展，实现社会建设与经济发展相协调的目标。虽然社区治理只是中国社会经济改革中的一个小环节，但通过上面的论证，我们可以看到，这个小小的环节涉及广泛的社会利益，具有长远的发展潜力，并且是推动经济增长、城区转型、社会进步，实现以人为本、和谐社会的重要环节。

4 成都高新区的社区治理创新实践[①]

2009年以来，成都高新区肖家河街道办事处面对既独特又有普遍性的城市社区管理的挑战，率先进行社区治理创新的探索，按照"还权、赋能、归位"的理念，探索出了一套建设社区基层治理领导力，培养群众主人公意识、民主意识和现代城市文明意识，并进行自我管理的"三驾马车"式的院落自治模式。这三驾马车分别是：院落党支部、院落议事会和院落居民自治委员会（以下简称"院委会"）。这三驾马车，既是一个基层领导集体，又是政府和群众之间的强力纽带，解决了过去群众盲目依赖政府而政府又浮在基层表面，基层党组织无力，社区管理缺位、错位、疲软、难作为等问题。院落自治于2010年5月起在街道的各个社区推广，2011年起，在整个高新区推广。在短短的几年时间里，社区软、硬环境都得到了很大的改善。这一基层社会管理理念、体制和方法的创新，为我国新型城市化过程中的社区建设、地方治理和党在新形势下的群众路线的策略提供了有益的经验。

4.1 成都高新区的社会管理现实

成都高新区兴建于中心城区之外，位于当时的城乡结合部地区，原有居民少，新增外来居民较多，居民构成复杂，有大量农转非居民和流动居民，各种经济社会转型期的矛盾与问题频发。同时，居民的工作、生活需求不断发生变化，差异化和复杂化趋势十分明显。成都高新区发展历史相对较短，"单位制"的控制与影响并不明显，这使得社区对于社会管理而言是最为重要、基层的实践层面。总之，短暂而复杂的发展历史、多元化的居民构成和社区形态、不断出现的新问题，可以说，社会管理面临的种种现实需要推动着基层政府进行社区治理创新。

4.1.1 以农转非和外来人口为主体的复杂的居民构成

成都高新区共有6个街道，44个社区，其基本情况如表4-1所示。

根据表4-1可以看出，高新区各街道之间的基本属性差异较大。其中肖家河街道、芳草街道相对邻近城区，面积较小、社区数量较少，但人口密度较大，暂住人口、流动人口较多，而桂溪街道、石羊街道、合作街道、中和街道则除较多数量的社区之外，还管辖大量的行政村。

[①] 本章内容主要来自肖家河街道办事处提供的材料。

成都市高新区 2010 年街道与社区主要数据　　　　　　　　表 4-1

街道名称	所辖社区	面积	人口数量及构成
肖家河街道	正街社区 兴蓉社区 永丰社区 联谊社区	2.75km^2	总人口 47433 人 常住人口 34888 人 暂住人口 12545 人
芳草街道	新能巷社区 蓓蕾街社区 芳华街社区 荆北路社区 紫竹北街社区 紫薇社区 神仙树社区	3.9km^2	总人口 113513 人 常住人口 80514 人 流动人口 32999 人
桂溪街道	和平社区 双源社区 三瓦窑社区 益州社区 永安社区 南新社区 双祥社区 另有 12 个村	23.06km^2	共有人口 107560 人 常住人口 58909 人 户籍人口 54726 人
石羊街道	新北社区 新光社区 庆安社区 新街社区 三元社区 新园社区 新盛社区 新南社区 另有 12 个村	21.83km^2	常住人口 50882 人 流动人口 25493 人
合作街道	顺江社区 清江社区 檬梓社区 独柏社区 另有 19 个村		常住人口约 12 万人 户籍人口 3.9 万人
中和街道	14 个社区	35km^2	户籍人口 6.48 万人 常住人口 12 万余人

资料来源:《成都市高新区统计年鉴 2011》

我们以本研究的重点调研对象肖家河街道为例,进一步说明高新区社会管理的现实特征。

肖家河街道是高新区第一批征地拆迁集中安置农转非居民的小区,因此其原住民以当时成都高新区周边的农民和老城区低洼棚户区改造的居民为主,兼有少量单位家属区。个别社区,如联谊社区,农转非居民的比例占60%。随着住房制度的改革和社会经济的发展,街道内外来人口不断增加,以租房和购买二手房的方式,与原住民混杂在一起。近年来,辖区内也不断有新开发的商品房楼盘,形成了独立的居住小区。可以说,肖家河街道的居民构成非常复杂。

表 4-2 肖家河街道各社区居民性质构成比

社区名称	农转非、旧城改造居民占比	购房、租房居民占比
联谊社区	60%	40%
正街社区	57%	43%
永丰社区	35%	65%
兴蓉社区	66%	34%

资料来源:肖家河街道办事处提供。

肖家河街道作为成都高新区最早设立的街道办事处,随着高新区的发展,基础设施条件和公共服务设施配套不断改善,已经成为成都市的成熟社区,同时,良好的区位条件也使肖家河街道辖区人口不断增加。根据六普统计数据,街道的常住居民中持外地户口的占50.2%,当时成都市的外来常住人口只占总人口的18.7%。根据2013年的人口统计数据,肖家河街道总人口为6.3万,其中户籍人口2.96万,说明外来人口已经远超本地人口。外来人口不仅数量多,而且增长速度很快。肖家河街道2013年的总人口相比2010年增长了32%,年均增长速度达到了10.67%,远高于成都市在2000～2010年间年均2.25%的增长速度。此外,由于历史原因,各个社区都有大量农转非居民,他们虽然是城市户口,也在高新区居住了20年左右,但生活习惯、思维方式、文化意识等方面,还并没有完全实现城市化。

由于人口增长速度快,外来人口不断增多,居民成分越来越复杂,基层政府的社会管理压力大、任务重。一方面,随着社会的发展,居民对政府服务的要求越来越高;另一方面,肖家河作为成都市高新区第一批征地拆迁集中安置的农转非居民小区,居民在拆迁、就业、社会保障等方面积累了很多问题,根本原因要追溯到20世纪90年代的拆迁补偿政策。社会发展过程中拆迁补偿款的大幅提高与当年居民得到的补偿形成巨大的落差,有些居民产生了不满情绪,而且这种情绪蔓延开来,居民甚至产生了政府当初"欠了我们的",所以现在做任何好事都只不过是在补偿,不论做什么都是理所应当的不合理想法。在这种诱因下,产生了很多居民拒绝"为自己的行为买单",拒绝配合政府工作,政府做什么都表示不满意的现象。再加上居民素质和能力有限,导致了对于个人利益的极其热衷和对公共事务的漠不关心。街道办事处感觉基层工作越来越难做。具体表现是居民对政府的不满情绪不断增加,对政府采取的各项民生措施"端碗吃饭,搁碗骂娘",认为政府应该多做、全做。政府修完楼还要免费提供物管、门卫、保洁、绿化等。楼道里灯坏了、没地方停车、环境脏乱不安全、空调滴水,都要政府管。即便如此,居民还是不满意。干部下基层,百姓横眉冷对,或是围攻反映情况、抱怨和提要求,甚至多次因为小事引发群体性事件。[①]

肖家河街道的人口构成比例 表 4-3

户口类型	有效数据	所占比例
本地农转非户口	190	29.5%
本地农业户口	19	3.0%
本地非农业户口	298	46.3%
外地非农业户口	73	11.4%
外地农业户口	63	9.8%
合计	643	100.0%

资料来源:肖家河街道4个社区的643份问卷数据。

4.1.2 以院落为主体的独特的街区空间形态

肖家河街道在安置高新区最早征地拆迁的农民时,将农民依照原有的建制进行集中安置,基本上同一个生产队的成员安置在一个院落中。后来,城市拆迁居民也按照原来的居住地的街巷格局,分别安置在不同的院落中。这一建设背景,直接影响了社区内部的空间格局,即街区被有围墙的大、小院落划分。单位家属区和近年新建的门禁式商品房小区也都用修建围墙的方式明确界定了自己的空间范围。肖家河街道的空间形态因此呈现出非常明显的以院落为基本空间单元的构成方式,院落间多以围墙和小巷相隔,而且规模以100户以下的小型院落为主。这一独特的空间形态,为开展院落自治提供了基础。

肖家河街道各社区院落规模构成比例 表 4-4

社区名称	小型院落（100户以下）	中型院落（101~300户）	大型院落（301户以上）
联谊社区	70%	10%	20%
正街社区	47%	50%	3%
永丰社区	70%	30%	—
兴蓉社区	80%	16%	14%

---

① 来源于肖家河街道办事处的访谈记录。

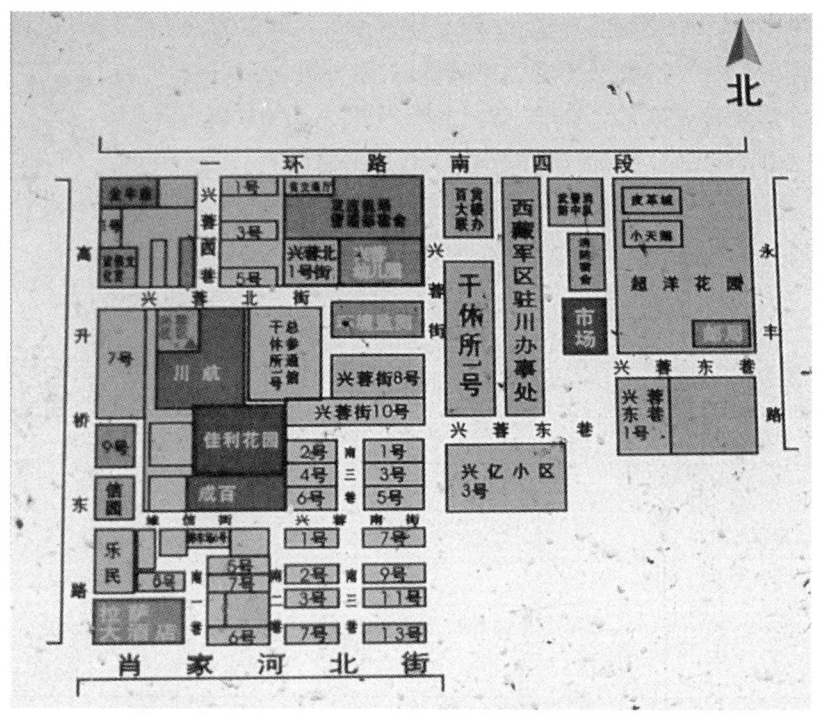

图 4-1 街区被划分成若干院落的平面示意图——兴蓉社区

图 4-2 不同院落的外部景观 1

由于街道空间被进一步划分为尺度较小的院落，路网密度高，各个院落被46条纵横分布的道路系统连接起来，街道的生活空间尺度宜人，各院落可以方便地共享基础设施和服务设施，因此，社区环境质量差异很小。同时，按照一般的居住区规划设计标准，虽然肖家河街道的建筑密度较高，公共开敞空间不充足，但密布在各个院落之间的街巷成为了居民开展公共生活的主要空间载体，这里既为居民提供了日常生活的各种必需品，也是休闲娱乐场所，增加了居民之间见面的机会，促进了居民之间的交往，提供了现代城市非常难得的生活气氛。

4　成都高新区的社区治理创新实践

图 4-3　不同院落的外部景观 2

图 4-4　部分院落内部景观（院落改造后）

图 4-5　院落之间各具特色的小巷 1

图 4-6　院落之间各具特色的小巷 2

图 4-7　当地居民的街巷公共生活 1

图 4-8　当地居民的街巷公共生活 2

4 成都高新区的社区治理创新实践

图 4-9 当地居民的街巷公共生活 3

图 4-10 部分院落的内部环境

但由于建设年代较早（最早的小区建设于 1992 年，至今已超过 20 年），且当时为拆迁安置小区，建筑质量标准并不高，肖家河街道的建筑普遍存在老化现象，排水、供电等基础设施落后，停车面积严重不足。

4.1.3 以街居制为主体的多元混合式社会管理体制，传统的社区管理方式面临挑战

肖家河街道社会管理体制随社会的发展而变化，目前街道内多种居住形式混合，形成了以街居制为主体的多元混合式社会管理体制。

肖家河街道成立于 1992 年，当时中国处于改革开放时期，原有的单位体制逐渐松动并趋于解体，街居体制作为单位体制的补充而开始重新活跃。因此，肖家河街道的社区管理体制从一开始就建立起了以街居制为主体的架构。由于行政管理体制的设置不同于一般老城区，高新区的社区居委会规模较大，要管辖更多居民，行政色彩更加浓厚，又由于街道成立之初，安置征地拆迁农民是按原有的农村管理体制——生产队、大队为单位，将居民划分在若干院落，因此，肖家河街道的管理体制中也包含了以"村"为单位的基层组织结构，后逐步转变为以"社区"为单位的基层组织结构。后来陆续建成的单位家属区和商品房小区，则分别根据社会发展和自身特征，设立了相应的管理方式。综合而言，在街道—居委会两级管理体制之下，肖家河街道的所有院落，目前根据管理方式的不同，分为自管院落、物管院落、单位院落和业委会管理院落。自管院落包括农迁院落和城市拆迁院落，由院落居民自己组织实行管理；物管院落是有物业机构服务的院落；单位院落是由原单位组织负责管理的院落；业委会管理院落是条件成熟的院落成立业委会自治组织，对本院落内的事务进行管理。肖家河街道各社区院落的数量见表 4-5。

肖家河街道院落类别统计表（单位：个） 表 4-5

社区名称	自管院落	物管院落	单位院落	业委会管理院落	合计
正街社区	28	—	3	—	31
兴蓉社区	29	8	12	—	49
永丰社区	20	5	9	—	34
联谊社区	13	4	1	1	19
合计	90	17	25	1	133

资料来源：肖家河街道提供。

当前社会大环境中，众多政府"政绩工程"的披露和曝光使得政府公信力大打折扣，导致居民质疑社区提供公共服务和处理公共事务的动机。这一现象在成都高新区里普遍存在，加上复杂的拆迁问题，导致社会管理问题更加突出。但传统的社区管理不能有针对性地解决居民所迫切期待解决的问题，居民又被隔绝在社区管理之外，所以主客观因素杂糅在一起，最终导致了政府主导的社区管理的失效，居民对政府开展的各种工作持普遍质疑态度，甚至条件反射式地、非理性地拒绝配合，基层政府面临"老办法不顶用，硬办法不敢用，新办法不会用"的尴尬局面。[①]

---

① 来源于肖家河街道办事处的访谈记录。

4.2 院落自治的发展历程

肖家河街道根据自己的特点和面临的挑战,自 2009 年开始试验推行以"三驾马车"为核心的"三驾马车、三大平台、四有保障"的院落自治管理体系。2009 年,首先在兴蓉社区的自管院落里启动院落自治试点。在总结经验的基础上,于 2010 年 5 月在街道的各个社区推广,收到了良好效果,先后获得了 2010 年和 2011 年成都高新区基层治理一等奖。2011 年 11 月,该模式开始在高新区的所有街道办事处推广。到 2013 年 6 月底为止,所有的自管院落和部分物管院落成立了"三驾马车"的班子。目前,肖家河街道共有 68 个院落党支部,117 个院委会和 101 个院落议事会。每个院落必有院委会,但由于党员人数有限,有些邻近院落联合成立党支部。以"三驾马车"为核心的院落自治管理体系,推进了基层组织的建设,是肖家河街道基层治理的创新成果。

4.2.1 培养意识,酝酿雏形(2009 年至 2010 年初)

由于院落中存在的种种问题以及居民需求的提高,肖家河街道开始对院落管理制度进行零星的探索,首先从培养肖家河街道居民维护城市卫生、爱护公物等文明行为的意识开始。如肖家河街道于 2009 年开始开展创建"和谐家庭"和"和谐院落"的评选活动,旨在奖励街道办辖区内 4 个社区中,为维护治安、环境卫生、邻里和谐作出贡献的居民,推出了一批具有时代特色、富有奉献精神的典型家庭和典型院落,为把社区建设成为居民自治、管理有序、服务完善、治安良好、环境优美、文明祥和的社会生活共同体奠定了基础。这项活动得到了居民的大力支持与踊跃参与,居民在争创"和谐家庭"和"和谐院落"的过程中,逐渐培养起了良好的生活习惯、文明的行为方式,并在潜移默化中渐渐地开始热心院落与街道的活动与事务,邻里之间也变得互助友善,关系逐渐和谐。这些活动的开展使肖家河街道的很大一部分农转非居民真正转变了意识,为后期的院落自治制度的建立奠定了良好的群众基础,较少了因意识不同而带来的阻力。

4.2.2 试点先行,积累经验(2010 年 5 月至 2011 年初)

2010 年 5 月,肖家河街道决定在有较好群众工作基础的兴蓉社区启动社区居民自治试点。兴蓉社区共有 48 个院落,居民主要由城市拆迁居民、农转非居民和自购房居民构成。为了提高院落自治水平,兴蓉社区积极构建院落"三驾马车",即院落党支部(小组)、议事会、院委会。社区将党支部(小组)建在院落,由党组织引导居民通过居民代表大会行使民主权利。

兴蓉社区的 25 个直管院落均成立了院落党支部(党小组)。社区党组织鼓励院落党员"亮身份、树形象、作表率",在院落管理中发挥先锋模范作用;同时,发动群众积极参加院落议事会、院委会选举,并发展优秀的居民骨干、楼栋长加入党组织,实现党组织与自治组织的同步组建,牢固树立党的核心领导地位。在院落党支部(小组)的领导下,广大党员、群众按照一户一票制，民主选举出院落的"决策监督机构"——议事会、"执行机构"——院委会。

2010年下半年，社区给每个院落都制作了一枚"院落公章"，将亲属关系、婚姻关系、收入情况、就业情况、低保评议、住房保障申请评议等多种社区证明材料认证权限下放给院落议事会，兴蓉社区由此而成为全国第一个有"院落公章"的社区。

为了履行作为社会基层细胞的职责，进一步优化社情民意收集渠道，兴蓉社区搭建了三个沟通平台。首先，搭建"院落问题分析会"，经院落党支部（小组）提议，由院委会负责召集院落党组织成员与院落议事会成员参加，收集、讨论和解决院落民生、院落整治等重要事项，对于需要社区居委会或上级部门帮助解决的事项，经表决通过后，由院委会主任上报社区居委会每周三定期召开的"社区问题分析会"协调解决。同时，启动"社区论坛"，整合"社区广场大家说"、"七嘴八舌"、"坝坝会"等议事制度，将社区的重大事务和涉及居民切身利益的事项，按照"民主提案、民主议案、民主听证、民主表决、民主监督"的程序决策实施，同时，将党的路线方针政策及时传递给广大居民。社区也建立了"民主问政系统"，居民代表一户一卡，可手写、可语音，兼顾收集社情民意和足不出院表决重大事项的双重需求。

4.2.3　四区联动，全面推广（2011年初至今）

2011年初，在兴蓉社区试点经验的基础上，肖家河街道在其他三个社区，包括永丰社区、联谊社区和正街社区进行了社区院落自治的全街道推广。四个社区全面推广院落自治制度，积极探索社会管理创新，改进社会管理，发展基层民主，切实提高社区居民的参与度。每个社区都成立了院落自治工作领导小组，负责院落自治机制组织的领导、指导和协调工作，解决工作中的政策财力保障问题，确保工作的圆满完成。同时建立院落党支部、议事会和院委会的"三驾马车"制度，形成院落自治的基本组织框架，在"三驾马车"的框架下实现社区居民的自我管理、自我教育、自我服务、自我监督。与"三驾马车"相匹配，还有社区协商议事会、社区居民委员会、社区监督委员会的社区"三大指挥棒"，使"三驾马车"朝一个方向努力，联动不断裂，保障了社区自治工作开展的流畅性、严密性和持续性。

各个社区在成立"三驾马车"组织架构的基础上，又根据自身的不同特点，灵活创新地制定各个不同的自治制度。例如联谊社区建立了3+n的模式，3即为三驾马车，而n指的是院落单元代表，社区各直管院落，由院落内每一个单元推选1名代表组成院落代表会，代表会每年召开2次。院落单元代表的主要职责包括，①管理、选举职能：由院落每个单元推选出一名代表组成院落代表会，对本院重要事务进行议事决策；②财务监督职能：协助监督本院有关社区下拨资金和院落自收资金的使用情况，特别是本院自创资金入账情况，监督院落居民自治委员会成员的工作状况，督促本院院委会定期进行财务公示；

③参会和建议建言职能：督促召开院落议事会议，并负责收集院落居民对院落管理的意见和建议。

完善"三驾马车"考核评价体系和信息反馈体系，使自治制度不断地完善与发展，更好地满足居民需求。如永丰社区以居民议事会为主，以社区党总支、居委会为辅，定期或不定期组织居民对居民议事小组和院落管理小组的单项或综合工作进行考评，并公布考评结果。另一方面，对于居民自治试点工作，认真总结经验，分析问题，资料归档和信息报送要有专人负责，做到全面、及时，不断完善资料归档和信息反馈工作制度。

另外，四个社区还举办"三驾马车"培训会，鼓励大家进行网络学习以及举办经验交流会，通过各种方式的学习与培训，吸取别人的经验和教训，巩固自身的理论基础，使得工作的开展能够更加顺利。

肖家河街道的创新模式成功地调动了院落居民自治的积极性和主动性，解决了院落环境脏乱差的问题，使环境变得有序、整洁、安全。这一经验得到了高新区政府的认可，并逐渐在全区乃至全市推广实行。在成都高新区于2012年发文表彰的2011年度"基层党建创新项目"中，肖家河街道"院落党支部"带动"三驾马车"项目被评为一等奖，并鼓励辖区各级基层党组织学习其经验和做法，不断推进基层组织建设。目前，肖家河街道的经验模式已经开始在其他街道实行并逐渐取得了成果，可见这种基层自治模式具有推广的价值。中共成都市委、成都市人民政府在关于深化社会体制改革、加快推进城乡社会建设的意见中指出，未来的工作重点之一是要健全城乡社区治理机制，创新完善城乡社区治理机制，以"还权、赋能、归位"为目标，健全社区自治组织，增强社区居民自治能力，建立健全既保证党的领导又保障居民民主权利的城乡社区治理机制。这一文件的发布也意味着肖家河街道的自治组织模式将会在更大的范围内被学习应用，使更多的地区和居民都能够享受社区自治带来的成果。

4.3 院落自治的主要内容

肖家河街道居民和院落有其独特之处，居民以高新区筹建时在本地居住的农转非居民和老城区拆迁户为主，院落也保留着20世纪90年代的高院墙、封闭院落的特点，街道管辖范围内的大部分院落没有实行现代的物业公司管理小区的模式。"三驾马车"作为肖家河街道实现院落自治的最重要的组织载体，以院落党支部为龙头，议事会行使决策权，院委会行使执行权，实现了以院落为单位的基层居民自治的新模式，在物业运行管理、居民事务管理、文化氛围营造以及社会组织培育等方面都取得了良好的成效。

4.3.1 院落自治的组织架构

肖家河街道原有的社区管理体系可概括为"一站三会一核心"："一站"指社区综合服

务站;"三会"指社区居民自治委员会、社区事务监督委员会和社区协商议事会;"一核心"指社区党组织。落实到基层院落管理体系中,则以"三驾马车"为主体,构建院落管理体系。其中"三驾马车"指院落党组织、院落议事会、院落居民自治委员会(院委会)。具体架构如图4-11所示。

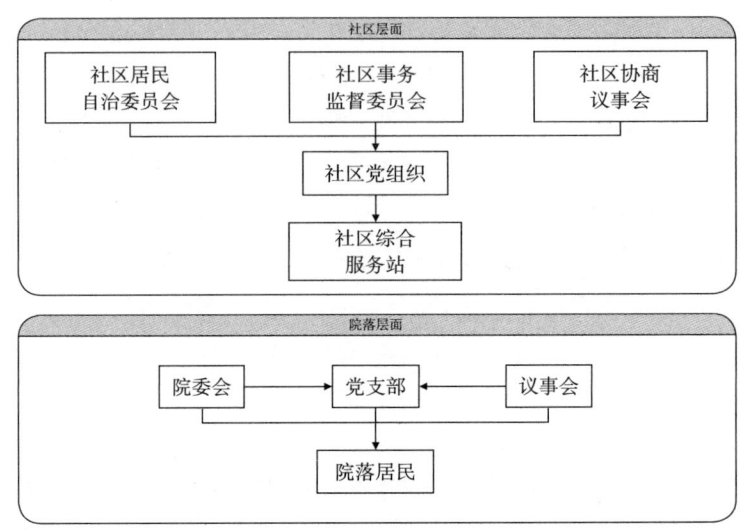

图4-11 肖家河街道的社区管理体系架构图

资料来源:中共成都高新区肖家河街道工作委员会.〔2011〕181号关于加强社区基层组织建设创新社会管理指导意见(试行)

在院落层面,由居住在院落的党员民主选举产生党支部书记或党小组长。在院落党支部(小组)的领导下,院落居民按照一户一票制民主选举出院落议事会、院落居民自治委员会(简称"院委会"),形成院落自治的"三驾马车"架构,与社区党总支、社区议事会、社区居委会有效对接,保障了社区自治工作的流畅性。院落党组织负责人为议事会的召集人,受理并组织审查院落议事会议题;议事会为院落的决策监督机构,对议题进行议决,对院委会工作进行监督;院委会是院落自治事务的执行机构,负责执行院落议事会的决定,并协助居委会对院落进行服务和管理。"三驾马车"的职能分工可概括为:党组织实行领导监督职能,议事会实行讨论决议职能,院委会实行执行职能。

院落自治组织职责区分表　　　　　　　　　　　　　　　　　　　　表4-6

党支部	◆ 贯彻落实上级党组织对院落民主自治管理工作的要求,积极推进所辖院落的民主自治。 ◆ 广泛收集党员群众对院落民主自治的意见和建议。 ◆ 指导、督促院议事会和院落居民自治委员会按照相关规章制度,有序开展院落自治工作。搞好支部委员会的自身建设,对党员进行教育、管理和监督。负责对要求入党的积极分子进行教育和培养,做好发展党员工作。

续表

议事会	◆ 在院落党组织的领导下，负责宣传动员和组织院落居民积极参与院落民主自治。 ◆ 征求并尊重群众意愿，民主议决涉及本院落居民集体利益、公益事业建设、自治事务管理等的日常事项，重大议题需提前交院落党组织及社区备案。 ◆ 对院落公益事业、自治事务等重大事项的实施和院委会履职情况进行监督评议。 ◆ 对院落居民关心的热点、难点问题进行调研、呈报、督促解决，向居民通报各类督办事件的解决情况。 ◆ 就所议事项向居民做好宣传、解释工作。 ◆ 涉及院落民主自治管理的其他事项。
院委会	◆ 宣传宪法、法律、规章和政策，教育院落居民遵纪守法，爱护公共财物，履行法定义务，对院落居民进行爱国主义、集体主义、社会主义教育。 ◆ 对院落议事会负责并报告工作，执行院落议事会的决议，监督执行《院落居民自治章程》。开展多种形式的社会主义精神文明建设活动，教育居民尊老爱幼、扶困助残、拥军优属、团结互助、移风易俗，养成文明、健康、高尚的生活方式。 ◆ 管理本院落的公共事务和公益事业，因地制宜地开展多种形式的院落服务，发展志愿者队伍。 ◆ 负责院落日常财务管理，实行收支两条线，履行好会计、出纳工作职责，按时做好垃圾处置费收缴工作。严格执行院落财务季度公示制度，并定期向院落议事会做好财务报告。 ◆ 依法调解民间纠纷，促进家庭和睦及邻里团结。做好本院落违法人员的帮教工作，协助维护社会治安，促进社会稳定。 ◆ 做好本院落待业人员的管理、青少年教育、优抚救济、计划生育、公共卫生和美化、绿化、净化居住环境等工作，提请院落议事会评议院落低保、低保边缘户是否符合申请条件。 ◆ 加强同院落居民的沟通联系，动员院落内一切力量主动参与院落建设和管理，实现院落资源共创、共享，培育院落意识，营造共驻、共建院落的良好氛围。 ◆ 及时向街道及社区反映居民的意见、要求和建议，协助居委会及上级政府做好各种测评工作和其他公共服务事项。

4.3.2 院落自治的成员组成

自 2009 年肖家河街道首次在兴蓉社区直管院落启动院落自治试点开始，至 2013 年底，街道辖区内已成立院落党组织 68 个，院落议事会 101 个，院委会 117 个，"三驾马车"成员 596 名（含 232 名兼职），其中兴蓉社区 179 名，永丰社区 148 名，正街社区 186 名，联谊社区 83 名。

管理者是组织中的重要部分，"三驾马车"成员则是院落自治体系能够良好运行的重要因素。为了确保"三驾马车"成员能够反映院落居民的真实意见、具备良好的素质、符合院落治理的管理者的要求，成都高新区肖家河街道党政办于 2011 年 8 月出台了《关于加强社区基层组织建设创新社会管理指导意见（试行）》，对该街道内各社区及其所辖院落中"三驾马车"体系成员的产生、罢免都制定了规则。

"三驾马车"体系成员任免规则表　　　　　　　　　　　　　表 4-7

	党组织	议事会	院委会
人员任用	依照《党章》，结合院落党员数量，以院落为单位成立党支部（党小组）。院落党组织可以通过公推直选大会，民主选举产生支部书记或组长，也可由社区党组织直接派任。	按照"一户一票制"采取无记名投票。根据院落大小设置院落议事会，规模为3~11人，每个楼栋至少有1名代表。 出现缺额时，按照选举程序进行补选。 召集人由院落党组织负责人兼任。	院委会成员由居民自荐、组织推荐或居民联名推荐。 由院落内有选举权的居民户按照"一户一票制"选举产生，选举采取无记名投票。根据院落大小，院落居民自治委员会由3~5人组成。 出现缺额时，按照院委会选举程序进行补选。
人员罢免		在有合理理由且院落三分之一以上有选举权的居民户联名时，可以提出罢免本院落议事会/院委会的成员。 院落党组织应进行调查核实，并及时组织召开院落议事会/院落居民大会，通报调查结果。 罢免须经院落半数以上有选举权的居民户表决通过。	
补充要求	书记或组长应为中共正式党员。 组织关系不在辖去的党员按"双区化管理"要求实行。	年满18周岁，有民事行为能力的居民。 暂住户须在该院落居住满一年以上。	

4.3.3 院落自治的运行机制

为保障院落自治的顺利开展，在前期试点的基础上，肖家河街道构建了简称为"三大平台四有保障"的运行机制，为院落自治工作保驾护航。

1. 上下连通的"三大互动平台"

"三大互动平台"是指"院落问题分析会"——工作推进平台、"社区论坛"——沟通交流平台和"民主问政"——参政议政平台。

院落问题分析会经院落党支部（党小组）提议，定期或不定期召集院落党组织成员与院落议事会成员参加会议。会议的主要职能是收集、讨论和处理院落民生、院落整治等重要事项，对于需要社区居委会或上级部门帮助解决的事项，经院落问题分析会表决一致通过后，由院落居民委员会将该院落问题上报至社区居委会，并在社区问题分析会上进行协调解决。

"社区论坛"有两部分内容：一是整合"坝坝会"、"七嘴八舌"等议事方式，定期或不定期进行沟通交流，让居民群众积极参与到社区院落建设的重大事项中来，自由表达自己的意见和建议，由单向互动发展到双向互动，聚集民智；二是建立民主决策程序。"社区论坛"是将社区的重大事务和涉及居民群众切身利益的事项，按照"民主提案、民主议案、民主听证、民主表决、民主监督"的程序决策实施，并将党的路线方针政策及时传递给广大居民，让群众事，群众提、群众议、群众审、群众评，主动征求居民对社区建设、院落管理、惠民措施等的意见建议，切实提升党员、群众的"知情权、参与权、决策权、监督权"。

"民主问政"参政议政平台是为了进一步拓宽辖区居民诉求渠道，把握民意风向标，切实做到"问政于民、问需于民、问计于民"，确保达到"科学执政、民主执政"。主要包括以下两个方面：一是要切实抓好"民主问政"系统建设工作，在各社区有条件的院落推广使用"肖家河街道民主问政互动平台"；升级系统程序，使系统操作简便、快捷，方便辖区群众查阅公开内容，提出监督意见、建议；提升辖区群众的参与积极性，通过入户走访、召开"民生座谈会"等形式大力宣传民主问政系统，引导居民自主提交、讨论需要解决的民生问题。二是要及时征询群众的意见、建议，利用丰富的信息资源，依靠和依赖强大的民主和监督力量，运用科学的分析方法，深入开展综合分析和专题分析，以群众意见作为衡量行政行为是否正确的标杆，为科学决策和管理提供各种可选择的咨询建议与对策方案。

图 4-12　民众问政互动平台的主页面

2. 自上而下的"四有保障体系"

在社区居委会的指导下，院落"三驾马车"建立和完善配套保障机制，确保院落自治有组织、有制度、有授权、有场地，统称为"四有保障体系"，以激发居民参与院落自治的积极性，保障院落自治的可持续性。

一是有组织。组织发动院落党员、群众组建院落自治"三驾马车"，确保院落自治有组织载体，有人员服务。

二是有制度。由院落党组织牵头，按照上级党组织规定，制定《院落居民公约》《院落党组织工作职责》《院落议事会议事规则》《院委会办事规则》《院落居民矛盾调处办法》等相关制度，并按章办事，确保院落自治的有序性。

三是有授权。在推进院落自治的过程中，积极转变传统基层工作模式，积极发挥院落议事会和院落居民委员会的作用，将计划生育、低保评议、住房保障申请评议等多种社区证明材料认证权限下放给院落"三驾马车"，并赋予其收集院落民情民意、院落事务提议权和决议权等相关权限，确保院落自治的有效性。

四是有场地。根据院落实际情况，社区指导和配合院落"三驾马车"建立相应的办公场地，确保院落自治的可持续性（图4-13、图4-14）。

图4-13 设在院落内的院落自治组织活动场所（室内）　　图4-14 设在院落内的院落自治组织活动场所

4.4 院落自治的具体事务

院落自治需要有具体工作内容作为抓手，"三驾马车"在实际工作中，主要围绕下列几类院落事务开展工作：

4.4.1 院落基础设施管理

"三驾马车"体系直接服务于居民，其职责在于解决居民在院落、社区中所面临的各种问题。替代物业公司对院落进行院落基础设施建设管理是其重要的工作内容之一。该部分内容主要为：

（1）基础设施建设与维护：院落公共开敞空间；建筑外貌；院落内照明设施；机动车、非机动车停车场地划分与管理等。

（2）院落保洁与绿化：公共空间绿植营造、美化、修剪；院落内部保洁；垃圾分类与集中运送等。

（3）院落安保：设置院落门禁；安置院落内部视频监控等。

4.4.2 院落居民事务管理

"三驾马车"体系也是院落民主自治管理工作的重要载体，是社区居委会的重要委托

组织。在"三驾马车"体系的引导下,应对与处理居民的日常事务也是居民自治的重要组成部分,其主要内容如下:

(1)组织、宣传与动员居民参与院落自治,贯彻落实上级对居民自治的要求,广泛收集并反馈广大居民对院落自治的意见和建议。

(2)制定并执行《院落居民自治章程》,执行居民共同认可的决定,负责院落日常财务管理。

(3)加强院落居民的沟通联系,动员院落内一切力量主动参与院落建设和管理,实现院落资源共创、共享,培育院落意识,营造共驻、共建院落的良好氛围。

(4)开展多种形式的社会主义精神文明建设活动,管理本院落的公共事务和公益事业。

(5)依法调解居民间的纠纷,促进家庭、邻里和睦团结,协助维护社会治安,促进社会稳定。

(6)加强院落内人员的社会保障、社会优抚管理,管理计划生育、待业人员登记、青少年教育等相关事务。

4.4.3 院落文化氛围营造

社区文化是社区建设的重要内容,在提高居民的综合素质、促进人际和谐、增强社区凝聚力等方面有着重要作用。在物质环境得到改善之后,院落"三驾马车"开始努力营造良好的院落文化氛围,主要内容如下:

(1)为院落文化活动提供场地、资金与人员的支持,鼓励居民交流沟通。
(2)积极参与院落间、社区间等不同层次的文化交流活动。
(3)主动组织开展不同主题、不同参与者的文化活动等。

4.5 院落自治模式的特征分析

通过对制度建设内容和院落自治实施情况的调查,可以总结出肖家河院落自治模式的四个主要特征:党建与民生相结合、政府管理与百姓自我管理相结合、自上而下与自下而上相结合和统一与灵活相结合。

4.5.1 党建与民生建设相结合

肖家河街道构建的社区和院落管理体系的领导基础是党组织,社区党组织和院落党组织分别领导本层级的自治事务,在这一过程中创新性地提出了"三分两化"[①]的基层党组织

---

① 三分,即组织细分、党员分类、服务分工;两化,即组织建设区域化、党员活动"双区化"。详见:成高肖委〔2012〕60号《中共成都高新区肖家河街道工作委员会关于实施"三分两化"扎实推进基层组织建设的指导意见》。

建设，把服务民生落到实处，生动地诠释了中国共产党"以人为本、执政为民"的执政理念。

首先通过对组织进行细分，来优化组织的设置。更重要的是，将支部建在院落，在社区建立了社区区域党总支后，还依托院落，建立了院落党组织，并构建了以院落党支部为龙头的院落"三驾马车"自治管理体系，建立了院落"三驾马车"办公室及活动场所——自治家园。通过这套自治管理体系，社区居民们在院落党组织的指导下，进行自我管理、自我教育、自我服务，实现了社区内所有直管院落向自管院落的转变。自管院落在院落党支部的领导下致力于民生建设，整改环境，规范院规，约束自身行为以作表率，逐步改善社区生活环境和治安环境。通过"三驾马车"特色组织的建设，辖区内各个院落党组织纷纷成立了党员志愿服务队，主动关心慰问贫困家庭、独居老人，不仅每月开展"爱心服务日"活动，还结成了"一对一"帮扶对象。

其次是对党员进行分类管理，充分发挥党员的先锋模范作用。所谓对党员分类管理，就是采用"因材施教"的管理方式，根据党员不同的文化程度、不同的工作经历、不同的年龄结构，区别对待，让党员们都能参与到党组织的活动当中。在加强党员分类管理的同时，肖家河基层党组织要求党组织和党员实行公开承诺制："群众要求的事情就一定要想办法答应，而答应了群众的事情就一定要做到。"除此之外，我们在联谊社区看到，党组织还在积极地将非公企业入党积极分子纳入社区党总支的培训和党建教育之中，努力培养这些入党积极分子为企业服务的态度和精神，同时融入社区建设中。

第三是服务分工，推进党组织和党员服务群众的长效化。肖家河基层党组织特别设立了党员院落责任区。以院落的楼栋、单元为单位，建立"点面结合、分片包干"的群众工作机制，不断落实干部联系群众的工作机制。辖区共80个自管院落4639户居民，全体干部按照"点面结合、分片包干"的群众工作机制，通过"两卡一档案"、政务直通车等具体举措，深入开展干部联系群众的工作，每人包干负责25户，每周走访联系，并作为群众工作、稳定工作和民生工作的第一责任人，帮助群众解决实际困难。

以上种种基层党组织的建设，将民生建设融入其中，充分发挥党员的积极作用，将党组织建设和民生建设相结合。

4.5.2 政府管理与百姓的自我管理相结合

社区管理体系和院落管理体系的构建既引导了基层自治机制，即"三驾马车"自治机制的建立和运行，同时也提高了居民的主人翁意识，有力地推进了辖区居民的自我管理、自我服务、自我教育、自我监督意识，有效地提升了辖区群众满意度、社区文明度和社会稳定度，使院落管理中的一些"老大难"问题得到了切实有效的解决。对于社区重大事项和涉及居民群众切身利益的事项，群众既是问题的提出者，也是解决问题的参与者，更是办理结果的监督者。

如兴蓉社区南三巷3号、5号院"拆墙并院"工程启动前，街道就以"社区论坛"等方式，收集汇总百姓建议，并以公开招标形式确定了入围的设计项目。之后，社区召开了居民议事会，对每个入围项目进行民主评议，最终拆与不拆、怎么拆，都由老百姓说了算。在意见征求过程中，兴蓉社区南三巷3号、5号院多数居民曾因为车辆停放、环境安全等问题而表示不理解甚至反对，看到已经出炉的"拆墙并院"比选项目书，居民代表们可谓是"字斟句酌"。院委会通过"民意传递会"的形式，阐述利弊，并针对问题组织大家自由讨论，使居民都能充分表达个人看法和意见，最后经院委会收集，提交院落议事会议决。在居民内部的协调和化解之下，真正有利于居民，为居民长期打算的措施终于得到了大多数居民的拥护和支持。居民甚至还主动为改造大院出谋划策，献计献策，最后该大院"拆墙并院"改造支持率达100%。

基于"还权、赋能、归位"的基本思路，"三驾马车"开创性地将街道、社区的职能和角色与居民对换，将"决策权"还给了居民，让居民们"自己的事自己说了算"。政府从划桨者转变为掌舵者，引导社区居民自我决策，从以往偏重于政府主导决策并执行的方式，转变为广泛征集民意诉求的社区民主自治，不仅更能契合居民的需求并开展宜居工程，而且通过不断创新社区自治方式，完善自治组织，可逐步提升居民的自治意识、民主意识和参与意识。

4.5.3 自下而上与自上而下相结合

肖家河街道基层院落自治机制的创建始于政府意识到直管院落的管理方式不能满足院落居民不同的需求而作出的管理机制的改革，这首先是一个自上而下的政府管理体系的改革和创新，从社区到院落形成一个可以相互衔接的自治体系，以组织架构、组织成员和组织规则的改变来适应基层院落自治制度。在整个自治管理体系基本形成并在实践中不断完善之时，政府有意识地培养院落居民自我管理、自我监督和自我服务的参与意识，鼓励居民参与到社区的管理与建设当中，以院落为单位，让居民在管理和建设自己的院落的过程中不断积累经验，完善院落管理体系和规章制度，使其更加符合院落自身特点和需求。通过完善院落管理体系自下而上的建设与完善整个基层自治管理体系，提高基层自治体系的效率，以便更好地满足社区居民的需求。

在自治管理体系形成并完善之后，政府政策过程也体现了一个自上而下与自下而上相结合的过程。政府从宏观的角度，在民意的基础上制定街道政策，并通过这一自治体系自上而下地传达到院落基层，让社区居民能够充分地理解政府政策并配合院落自治组织执行政策，同时监督政策的执行。另一方面，社区居民在政策执行过程中也能够根据政策的效果和院落实际情况，通过这一自治体系反馈信息，检验政府的政策是否达到了预期效果并满足了居民的需求，自下而上地将政策的效果反馈给街道政府，使政府在对反馈信息的综合整理后对政策作出相应的调整。通过自上而下与自下而上的结合，使得政策过程更加民主和科学，能够更好地达到预期目的，获得更好的政策结果。

自治管理机制的形成和政策过程都体现了自上而下和自下而上相结合的特点，这一过程既是对于居民民主参与意识的培养，以便更好地促进社区建设，同时也是对基层政府管理与政策制定的新挑战。政府既不能过多地干预自治组织的决策和执行——能够充分表达民意，解决实际问题，又要发挥政府的引导和掌舵的作用，使自治组织的管理更为有效而不是流于琐碎。

4.5.4 统一与灵活相结合

肖家河街道的四个社区对于院落自治制度都有一套统一的固定模式，包括社区党组织建设，在党组织的领导下建设社区自治管理体系和院落自治管理体系，并执行社区各项自治事务。社区党组织的建设统一按照"三分两化"的工作方式,通过优化设置党组织,狠抓党员分类管理，突出以党员个性分工服务，以"六联"（条块联动、组织联建、党员联管、活动联搞、资源联用、服务联做）构建区域化党建大格局和以"三向"共管（双向管理、双向反馈、双向服务）促进辖区党员融入社区建设，努力把基层组织建设办成群众满意工程。社区和院落的自治管理体系也有固定的模式，包括社区的"一站三会一核心"和院落的"三驾马车"组织方式。

另一方面，在统一的领导基础和组织建设之上，又根据自身特点灵活地进行自主创新与突破，主要表现在两个层面，一个是社区层面，另一个是院落层面。各个社区在实践过程中不断地根据本社区的特点和实际情况摸索出不同的工作方式。各个社区都制定了各自不同的自治方案，包括确定自治实施机制的指导思想和总体思路，社区层面和院落层面的组织架构和成员构成，规定各项组织职责、经费开支和考核标准。在院落层面，根据院落规模、院落成员性质构成、院落主要问题等确定各院落不同的自治方案。例如在院落党支部的建立中，联谊社区根据院落党员人数情况：20人以上包括20人的，成立院落党支部；20人以下或5人以上，包括5人的，成立院落党小组；不足5人的，与相邻院落不足5人的，成立联合党小组。又如在院落自治中，院落自治组织可以根据本院落的情况制定相应的院规，院规的制定体现了灵活管理的特点，完全贴近院落居民生活，朴实却简单易懂，更能有效实施并增进居民的配合。

院落自治充分体现了统一与灵活相结合的特点，在同一基本领导和组织架构的基础之上，充分发挥社区和院落自治组织的能动性和主动性，制定符合自身发展与需求的规章制度和工作方式，以便更好地实现工作效果和目的。

4.6 院落自治推行的经验

社区治理贵在实践，院落自治模式除了在制度设计上的诸多特点外，在推行过程中也提供了很好的经验。

4.6.1 制度建设先行，规范行为准则

如何强化基层自治，培育居民自治和探索民主管理已成为现阶段社区建设中急需解决的问题。院落自治正是在这样的背景和形势下产生的基层自治的有益探索。但自治不是"乱治"，没有固定的组织形式和制度约束，院落自治可能流于形式，自生自灭，甚至走向多数人对少数人的"暴政民主"，或者少数人胁迫多数人的"刁民自治"。"无规矩不成方圆"这种对制度重要性的最通俗的表述古已有之，邓小平同志也曾极其精辟地指出："制度问题带有根本性、全局性、稳定性和长期性。"这些都是对制度重要性的经典诠释。

制度即规则，是指在一个社会组织或团体中要求其成员共同遵守并按一定程序办事的规程，它是一种行为规范，是用来规范和约束人们思想行为的标准，是人们共同遵守的规章、条例、办法的总称。肖家河街道所探索的院落自治是一种以"三驾马车"为组织形式并以各项制度为基础的自治形式。肖家河街道在院落中搭建"三驾马车"自治管理组织体系，明确其工作职责，将"支部"建在院落，加强了党在基层建设中的领导作用，形成了党与居民共同治理的网络格局。除了组织形式的架构之外，肖家河街道还制定了院落议事监督制度和听证制度等，使居民在家门口协商议事有章可循。为了使制度规章落到实处并加强院落自治的可行性，肖家河街道营造了"三个平台"，畅通了群众利益诉求渠道并为解决矛盾纠纷提供了调处的载体。

从理论上讲，制度建设是一个制定制度、执行制度并在实践中检验和完善制度的没有终点的动态过程，从这个意义上讲，制度没有"最好"，只有"更好"。但科学的、积极的制度的建立，不仅能降低政策执行上的"风险"而且也能使各项工作落在实处。肖家河街道实施的院落自治以其丰富多彩的实践活动践行了制度的重要性。

4.6.2 发动党员示范，带动"三驾马车"

近年来，随着经济的发展和社会的变迁，社会由原来的封闭式向开放式转型，前所未有的新问题、新情况频繁出现的程度已超过以往任何时候。而在这一过程中，党员的流动问题也如同群众的流动问题一样，趋于松散状态，完全没有像预期那样发挥党员应有的模范带头作用。肖家河街道率先意识到了这个问题，对于党员的管理实施了"二分两化"的制度，充分发挥了各类党员的作用。具体做法是：对于离退休党员，基层党组织鼓励他们发挥余热，为社区建设提供宝贵意见；对于流动党员，吸纳他们参加远程教育；对于在职党员，实行信息化管理；对于困难老党员，实行结对帮扶；对于"两新"[①]组织党员，加强联系。通过这一系列因人、因地制宜的对策，将辖区内所有党员都牢牢团结在党组织的周围，根据党员自己的特长和特点，不断发挥先锋模范作用。"一个支部便是一面旗帜，

---

① 他们既是高知识层面的代表，又是企业单位中的骨干力量，具有高学历、高技能、高职称的特点，根据《党章》要求，结合"两新"组织实际情况，在企业中设置和建立党支部，确保每个党员纳入党组织管理之中。

一名党员就是一盏明灯",这句话是基层党组织的深刻写照,也成为了成都高新区肖家河街道基层党组织的行动准则。

在院落自治过程中,肖家河基层党组织特别设立了党员院落责任区,以院落的楼栋、单元为单位,建立"点面结合、分片包干"的群众工作机制,不断落实干部联系群众的工作机制。让基层党组织第一时间掌握了辖区内有困难的群众的具体情况,并有针对性地去帮助群众最快速地解决实际问题。总之,使分散的党员都集中起来,充分发挥他们的模范作用。

在"三驾马车"的筹建和运行过程中,肖家河街道的院落党组织通过开展"亮身份、树形象、作表率","我为自治献一策、我为院落办一事、我为和谐建一言"等多种形式的特色活动,积极推进党员"双区化"管理,动员党组织关系不在本社区的党员参与本院落自治管理服务,鼓励党员在院落管理中发挥先锋模范作用,使院落党员通过参加院落议事会、院委会的选举,认领院落管理、安全宣传、文明劝导等示范岗位。同时,积极发展优秀的居民骨干、楼栋长加入党组织,确保党组织与自治组织的同步组建。

4.6.3 培养公民意识,重塑熟人社会

院落自治的核心在于院落居民自己解决院落内的各种问题。肖家河街道推进的院落自治便秉承"还权于民,还责于民"的原则,使院落自治有了更多的自主权。比如前已述及,在2010年,兴蓉社区便给每个院落都制作了一枚"院落公章",将过去属于社区的权利移至院落层面,将有关亲属关系、婚姻关系、收入情况、就业情况、低保评议、住房保障申请等的多种社区证明材料的认证权限下放至院落议事会,同时还赋予院落收集民情民意、提议权、自治事务决议权等权限。

还权于民收到了很大的成效。一方面,居民参与院落自治的热情与活力提升了。以2010年兴蓉社区居委会直选为例,社区共有3575名居民主动进行了选民资格登记,占全体具有选举权人数的89%,登记选民投票率达100%。居民开始真正关心并行使自己的权利。另一方面,基层治理的行政效率有显著提高。院落居民所需要的各种证明材料由最掌握情况的院落直接出具,避免了居民到社区申请、等待的时间。

更重要的是,通过一系列"还权于民,还责于民"的做法,培养了现代社会发展特别需要的公民意识,为"新熟人社会"的形成奠定了基础。

随着社会的快速转型,原有的"熟人社会"的关系模式迅速瓦解,代之以所谓的"陌生人社会"。公民之间乃至政府与公民之间的关系都越来越微妙,在这种情况下,熟人社会关系恰恰能为确立诚信法则搭建平台。肖家河街道注意到这一问题后,充分调动院落内原有的熟人社会根基,并在"三驾马车"机制的实施过程中不断地培育熟人社会的关系格局,试图以院落为单位精心打造一个"新熟人社会"。

肖家河街道的住户以拆迁户和农转非户为主,在社会转型过程中产生了一系列不和

谐的因素，如新环境中的孤独感和不稳定感、新移民的恐惧、消失的公共空间等。但肖家河街道同一院落里的居民很多是以前一个村、一条巷子里的熟人，为重新建立居民组织奠定了基础。肖家河街道通过整合社会资源形成社会合力，不仅借力当地丰富多彩的业余生活，而且通过各类独具特色的活动，进一步加强居民之间的沟通交流，为肖家河的院落自治管理奠定了广阔的、坚实的群众基础。

4.6.4 培育社会组织，助力居民自治

依托于多种多样的社会组织有利于基层居民自治更好地运行。肖家河街道在实现院落自治的过程中，也在社会组织的发展方面提供了大量支持。

一是支持社区、院落社会组织的成立与发展，提供必要的人力、物力支持。

近年来，国家高度重视社会组织的作用，多次在党和政府的文件报告中有所论及。以此为契机，成都市高新区肖家河街道在社区自治建设过程中紧紧围绕以人为本的社区发展灵魂，以文明和谐社区为建设目标，依据成都市民的生活文化特点，大力培育和发展各类社会组织，充分发挥其在社区基本事务和各类公益事业方面的重要作用，这些举措已在近年实施的院落自治过程中有了鲜明的体现。

以联谊社区为例，该社区院落自治始于2011年7月。社区内居民自主成立了6个协会组织，包括老年协会、书画协会、文体协会、计划生育协会、志愿者协会等，其中尤以老年协会最为著名。其他社区也不甘落后，根据自身特点建立了各类协会，并积极采取措施使它们在院落自治过程中发挥重要作用。例如兴蓉社区南三巷2号或4号院落整治问题，整治工作本来是备受居民抵触的，后经各院落间居民的交流沟通，使居民原本的抵触情绪转变为居民主动申请进行院落环境整治。这期间，以丰富多彩的文娱活动为核心内容的各类协会发挥了重要作用。肖家河街道办事处积极整合社区内各类社会资源，形成了"政府机构到社会组织"、"社区到院落"、"党员到群众"的一个纵横交叉、分布广泛的多中心式治理结构。如果说"三驾马车"自治管理体系的建立是肖家河街道院落自治取得成功的核心力量，那么，社会组织就是院落自治取得成功的必不可少的辅助性力量。

其次，街道还通过购买服务的方式，积极引入区外的社会组织，并利用这些社会组织的力量，培养社区内部的居民组织。肖家河街道购买服务的主要形式为服务合同模式。但与传统方式不同的是，街道购买的社区服务有两种类型：一种是以项目为导向的。以街道引入的"爱·有戏社区文化发展中心"为例，一方面，肖家河街道根据自身的实际情况提出项目需求，另一方面，爱·有戏组织也将进行实地调研以考察项目运行的可行性。经双方协商研讨，签署以项目为单位的服务购买合同。每个项目的运行时间为一年。截至2013年，肖家河街道与爱·有戏共同运行了"参与式互助体系建设"、"参与式文化艺术交流"以及"参与式社区服务"三个项目。"参与式环境治理"也正在筹备中。这种以项目为主体的公共服务购买模式的优点在于其专业化更强，更能够有针对性地提供政府

所需要的公共服务。同时，以项目为主体的购买模式有相对明确的绩效指标和操作方法，也更利于考核与反馈。另一种则是政府直接购买非营利组织的专业化服务，即政府出资并提供适当的场地，引入非营利组织提供专业化的养老服务，以"晚霞"老年服务社为代表。

图 4-15 "爱·有戏"主办的社区文化节

通过适当的社区服务外包，肖家河街道将许多社区、院落自治过程中不能很好解决的问题移送至非营利组织，得到了专业、高效的服务。

4.6.5 政府合理引导，"无限"走向"有限"

过去，我国政府与社会的关系是在长期的计划经济体制下形成发展起来的高度统合的关系模式，而当前，广泛实施的居民自治管理体系是市场经济不断深化的新要求，对习惯了政府传统管理方式的政府管理者和居民都是一个新的课题，需要不断调整和彼此适应。但并不是说居民自治就完全不要政府的管理，而是要建立一个服务型的政府，即政府需要从"管理型"转向"服务型"，从"无所不管"转向"有所为有所不为"，从"主导者"转向"引导者"，对居民自治给予引导和支持；同时，对于居民而言，实施自治要从"陌生"走向"熟练"，也需要政府"扶一把，送一程"。

肖家河街道在推行院落自治的过程中，采取多种措施，引导、激励院落自治。一是开展院落环境整治，改善居民的居住环境，让居民在安居中有条件实现自治。二是开展"和谐家庭"和"和谐院落"的创建。街道坚持发展成果全民共享的理念，从 2009 年开始，每年拿出 200 多万元奖励"和谐家庭"和"和谐院落"，让居民积极参与社会建设，分享街道发展的成果，培养社区自治意识。三是让出管理权，将社区涉及的调查核实事项下放到院落，让院落有事干、有事议、有权管，提高了院委会和议事会的威望和能力，形成了院落自治的长效机制。四是对院落自治给予补贴，从经济上激励院落自治"三驾马车"的成员。

院落自治是基层治理的细胞工程。肖家河街道实施院落自治始终注重发挥党和政府的作用，不仅注重发挥居民自治的作用，而且始终摆正政府的引导作用，在提高了居民的参政议政意识和增强了居民的自治能力的同时，也发挥了政府良性治理的关键作用。这也正是高新区肖家河街道成功推进基层治理机制，建设实施院落自治的破题之处。

4.7 院落自治的成效

就社区和居民来说，院落自治的成效，根据街道办事处所提供的评估材料，大致可以归结为以下几个方面：

4.7.1 院落环境得到改善

改善基础设施、改造院落环境是院落自治中的重要工作。由于大多数院落形成于20世纪90年代，建设质量标准较低又长期缺乏维护，院落环境质量不断下降。在各院落自治过程中，根据居民的需要，进行了院落公共开敞空间改造、楼宇建筑外貌整治、停车位的划分与统一管理、以院落为单位雇佣保洁人员进行院内卫生维护等工作，使得院落环境得到很大改善。根据四川用户评价中心有限公司对肖家河街道所作的《社区群众满意度指数测评报告》，群众对肖家河辖区公共场所环境整治工作的满意率自2009年的87.75%攀升至2012年的92.50%。

4.7.2 社区治安明显好转

肖家河街道原住居民多为农转非与城市拆迁户，近年来，外来人口不断增多。实行院落自治之前，院落内外安保设施不够完善，也没有专职的安保人员，多个院落都属于案件高发区域。此外，居民纠纷频繁出现，社区与街道没有足够的人力、物力进行逐一解决，多数居民便直接报案。实行院落自治之后，一方面，通过院落改造对院落安保设施进行了完善，每个院落都实现了摄像监控；另一方面，院落雇用了门卫，对院落出入进行了严格登记，为院落居民提供了严密的安全保障。此外，院落自治能够快速高效地解决居民生活中的多数问题，调解纠纷。从根源上，院落自治铲除了案件发生的源头，提高了安保质量，降低了问题发生的可能；从操作上，院落自治为居民的生活问题、纠纷提供了解决的平台。

4.7.3 居民对政府的满意度不断提高

通过环境改造、纠纷调解、院落基础事务解决，院落居民逐步体会到了"三驾马车"机制的工作成效，承认了工作人员的工作能力，也体会到了"三驾马车"为民办实事的热心肠。"三驾马车"在群众当中的信任度逐步提高。居民的满意度也在逐年上升。街道党工委引入第三方专业机构对社区进行群众满意度测评,数据显示,2008年社区工作群众满意度指数为86.65,2009年增加至87.32,2010年社区工作满意度有较大下降为77.54,表示群众开始对社区工作有意见,即居民关心院落公共事务的意识开始觉醒。2011年开展院落自治后,在"三驾马车"的努力下,社区工作群众满意度上升为80.13,同年8月,在成都市接受全国文明城市复查测评中,测评人员对肖家河街道进行了入户问卷调查,调查结束后,社区居民的精神面貌给测评人员留下了深刻印象,他们感慨地说:"在这里,我感到居民发自内心感谢党和政府。"

肖家河街办2008~2012年度社区工作群众满意度指数测评结果   表4-8

指标名称	2008年度测评结果	2009年度测评结果	2010年度测评结果	2011年度测评结果	2012年度测评结果
群众满意度指数	86.65	87.43	77.54	80.13	87.90

注:数据来自肖家河街道办历年社区群众综合满意度指数测评报告。

2012年12月15日至2013年1月6日,第三方专业机构对肖家河街道办事处2012年社区工作群众满意度进行了调查测评,群众满意度指数为87.90,按照国际通用的CSM七级分值标准,达到了"满意水平",表明居民对于社区公共事务和各项服务的态度接近"很满意水平",群众关注度和群众抱怨也得到了大幅改善,详见表4-9。

肖家河街办2012年度社区工作群众满意度指数测评结果   表4-9

指标级别	指标名称	2012年度测评结果	2011年度测评结果	结果比较
一级指标	群众满意度指数	87.90	80.13	+7.77
二级指标	群众关注度	91.78	84.83	+6.85
	社区环境治理	88.70	——	——
	社区治安综合治理	87.29	——	——
	就业社保	83.71	——	——
	卫生防疫	85.34	——	——
	困难救助	89.17	——	——
	文化教育	89.27	——	——
	党风廉政建设	87.93	——	——
	基层组织建设	90.21	——	——
	群众抱怨率	14.23%	28.33%	-14.10%

注:
(1)国际CSM七级分值标准是:90~100为很满意水平,80~89.99为满意水平,70~79.99为较满意水平,60~69.99为一般水平,50~59.99为不太满意水平,30~49.99为满意水平,1~29.99为很不满意水平。
(2)2011年与2012年问卷内容不同,二级指标不能比较。数据来自《肖家河街道办2012年度社区群众综合满意度指数测评报告》。

4.7.4 居民参与热情提升

在"三驾马车"工作机制的带动和工作人员以身作则的影响下，院落居民关心自身利益的同时，对院落内部公共事务的热心程度也在增加。每逢节日，院落和社区举办的不论是大型晚会还是院落内部的小型茶话会，都是高朋满座，热闹非凡。居民对自己院落的利益诉求的表达和热衷有效地促进了院落综合质量的提升，反过来又提高了居民的生活质量。个人利益表达和院落公共利益形成良性互动。肖家河街道联谊社区"论坛苑"还被成都市市委组织部评为"成都市干部教育培训现场教学基地"。

肖家河院落自治调研（2011-10-11）结果显示，正式开展院落自治以后，在2011年1月至6月间，"民主问政"互动平台共发布信息320条，群众参与民生问题决策投票82次，收集群众诉求193条，解决民生问题189个。通过"三驾马车"、"社区论坛"、"民主问政"等收集和解决的民情、民意诉求已达2870件，合理性建议223条[①]。最新统计数据显示，仅2013年1月至6月，居民通过"民主问政"平台提交的建议已经达到300多条。

4.8 存在的问题

虽然截至目前，肖家河街道的院落自治模式推行得很顺利，取得的成效也有目共睹，但并不意味着没有问题。经过前期调研，我们认为至少在以下几个方面，值得进一步思考：

4.8.1 组织模式横向沟通不足，无法解决院落封闭性所导致的沟通不畅

肖家河街道制度建设的组织模式注重纵向的沟通联系，包括自上而下和自下而上两个方面，但是在横向的组织联系上考虑不足，未设立有效的沟通渠道来确保院落横向的信息沟通和交流，使得院落之间的横向沟通不畅，一定程度上阻碍了一些工作的开展。另一方面，肖家河街道自治院落本身具有宗族式封闭管理的特点，也加剧了这一障碍的凸显。

肖家河街道的院落有很大一部分属于农转非院落，基本上一个院落的居民就是原先一个村子里的农民，同一个村子里的农民基本都属于同一个宗族，相互之间沾亲带故，这种宗族式的关系和管理也从农村带到了社区院落中。肖家河街道的院落基本都盖起了高高的围墙，这一道围墙阻隔的不仅仅是空间，也阻隔了每一个院落之间的交流和互动。每一个院落的居民都有很浓厚的院落本位意识，这种将其他院落阻隔在外的意识加剧了院落的封闭性，不利于院落之间的交流。

横向沟通渠道不畅和院落封闭性阻碍院落自治主要表现在两个方面：一是阻碍院落自治工作的开展，二是阻碍院落自治经验的交流与推广。院落自治工作囊括了院落生活

---

① 数据来源于《肖家河院落自治调研报告》（2011-10-11）

的方方面面，一些事务可以在本院落内部解决，例如院落的停车收费问题、院落居民之间的纠纷等，但是一些大型的组织活动、基础设施的建设等问题都涉及多个院落，这就需要这些院落的配合以及相互之间的协调沟通。相互之间独立且封闭的特点不利于这些工作与活动的开展。另一方面，对于院落自治，每个院落都会在各自的实践中取得一些经验和教训，定期或者不定期的相互交流与沟通能够吸取别人的经验和教训，使院落自治少走弯路，获得事半功倍的效果。而院落横向沟通不畅则会使得这些交流的机会减少，不利于院落自治工作的提升和进步。

目前肖家河街道的院落自治都是以院落为单位的，各种活动和工作的展开也是以院落为基础的，这正是基于以上这种意识特征而形成的。但是社区乃至街道层面的活动和工作需要院落居民真正融入到整个社区乃至街道的建设与管理中，所以必须摒弃这种院落本位意识，将社区乃至整个街道作为一个整体来考量，而不是立足于每一个单独的院落。目前街道也在开展大范围的工作与活动，包括文明创建活动、义集义仓活动、文化艺术节以及法定节假日的主题活动等，鼓励院落居民参与其中，促进相互之间的互动和交流，在一定程度上缩小不同院落居民之间的心理距离，增进彼此的了解和亲密程度，缓解横向沟通不畅所带来的隔阂。但是这种隔阂并不是在短期内就能消除的，必须经过长期的努力与积累，才能逐渐地在交互活动中得以消弭。所以，在今后的工作中应更多建立起能够使院落横向沟通的渠道，除了不定期的活动之外，还应建立固定的沟通模式，定期地交流和合作，增进彼此的了解和认识，促进亲密关系的形成，在潜移默化中促进院落之间的横向沟通。

4.8.2 自治模式较少考虑院落异质性及构成复杂性，"能人"的潜质挖掘渐成问题

肖家河街道各个社区院落的构成十分复杂，居民素质也是参差不齐。以联谊社区为例，该社区辖 19 个院落，其中居民楼院 9 个，驻区单位宿舍 5 个，物管院落 5 个。联谊社区以农转非居民为主，其中农转非占 60% 左右，城市拆迁户占 40% 左右。农转非居民含南郊村居民 2014 人，新蓉村居民 579 人，元通村居民 1879 人，肖家河村居民 1190 人。对于院落性质的不同、院落居民构成的不同，同样工作的开展在不同的地方会因为这些因素而产生不同的结果，所以院落自治的制度建设必须考虑这些因素。

正如之前在肖家河街道院落自治制度建设的特点中提到的统一与灵活相结合，院落自治的制度建设有一个统一的模式，包括领导基础、社区自治体系和院落自治体系，同时，社区和院落也可以遵照自身特点和情况，灵活构建不同的组织架构和工作方式。这是肖家河街道在意识到本区域中院落的构成复杂性后而形成的正确的工作思路。但是在具体的工作中，灵活地将街道所指定的组织结构与自身特点相结合需要工作经验的不断积累，院落领导人要拥有敏锐的组织头脑，善于不断总结并发现问题。这些要求在不同的社区以及院落不可能完全得以实现，所以，在实际工作中，不同社区、不同院落所取得的成

果也不尽相同，会出现一些院落能够取得良好的效果，而一些院落的工作进程会产生阻碍的现象。这样，就需要社区和院落的自治管理体系的成员更多地考虑本社区和院落的基本情况，能够有针对性地在实践中探索出利于本社区和院落建设与发展的组织形式与工作方式，弥补因社区院落的复杂性所造成的各种问题与阻碍。

所以，针对院落异质性和构成复杂性，需要挖掘"能人"来参与院落建设。如何挖掘这些"能人"来应对不同院落的不同问题，是目前肖家河街道自治制度建设的缺失部分，在未来的工作中应该加以重视。

4.8.3 自治组织成员职务重叠，组织功能难以有效发挥

原则上，肖家河街道所建立的各个基层自治组织载体具有相对独立的职责分工，所建立的运行机制具有相互协调、权力制衡和监督的功能，既能实现权力的统一行使，又能够防止权力滥用问题。以院落自治组织"三驾马车"为例，院落党支部起到核心领导的作用，院落议事会具有决策监督职能，而院委会则是具体的执行机构，这三个机构各自独立，各司其职，既相互监督，又相互合作，共同治理院落事务。以此推断，这三个机构的组成人员也应该是相互独立的，不应该存在职务重叠的现象，否则就难以实现"三驾马车"相互之间的监督。

但是在成都高新区管委会《关于印发〈完善社区居民自治机制试点工作实施方案〉的通知》中关于自治机构成员的规定中提到，要按照"一岗多责、一员多能"，相对独立，职责明确，协作配合，整体运行的原则，整合并优化配置党支部、居委会和工作站组成人员。这一规定表明，组织成员可以承担自治载体的多项职务，行使多项职能。这使得在实际的组织设立中很多院落的"三驾马车"成员都一人身兼两职甚至三职，也就是说，有人可能既是党支部成员，又是议事会成员，甚至还是院委会成员。这样的人员设置使得有些人一人分饰三角，即同时具有决策权、执行权和监督权，那么，组织权力的制衡以及相互监督只能流于空谈。一人担任多项职务也会使得组织职责变得不够明晰，不能够实现独立的分工，也会影响到整体配合与运行的效果。

所以，在今后的自治组织改革中应该关注这一问题，虽然目前这一问题的消极作用还未凸显，主要原因在于自治组织建立还处于前期运行阶段，组织和人员设置原则的隐患还未暴露，但是如果不加以重视，其消极的结果将会影响整个居民自治机制的整体运行。

4.9 小结：院落自治——破解社区自治困境的有效途径

成都高新区肖家河街道在对辖区基层党组织进行"三分两化"管理创新的基础上，探索出了以"三驾马车"为组织结构形式的院落自治模式。这里的院落规模少则几十户，多则几百户，与行政社区——居委会管辖范围相比，居民的利益需求容易达成一致。"三

驾马车"组织体系以院落党支部为龙头，由院落党支部、院落议事会、院委会组成。在院落党组织的领导下，院落议事会行使决策权，院委会行使执行权。其主要特征就是把充分发挥院落内党员的模范作用同充分调动院落居民参与自治的积极性结合起来，变原来以居委会为中心的自上而下的社区管理模式为现在的以院落自治组织为核心的自下而上的自我管理模式。这一模式，破解了过去社区管理中的症结，克服了社区自治管理上的管理权架空问题。同时，避免了一些地方出现的"暴政民主"或"刁民自治"等问题，基层民主得到充分体现。

此外，肖家河街道以院落自治为着力点，辅以"三大互动平台"和"四有保障体系"，还积极引入社会组织，在为居民提供更好的社区服务的同时，借助外力培育居民自己的组织，进一步助力社区发展。这些措施，激活了街道、社区、居民三方实施自治的积极性，有效推进了基层社区治理工作的深入开展，逐步建立起了以党的领导为核心，自治管理为主导，广大群众充分参与，社会组织积极配合的社区治理结构。

尽管从全面推行院落自治模式至今不过几年，但已经取得了许多成效，无论政府工作人员还是街道居民，都从中深刻体会到了身边人和环境的变化。同时，街道也认识到居民自治的彻底实现是一个长期的过程，在院落自治的推行过程中，需不断总结，发现问题并及时修正，才能保证未来道路的健康发展。为此，我们在总结肖家河街道创新实践的基础上，结合社区治理内涵和区域发展转型的需要，针对社区治理结构的三个构成主体分别进行深入思考并提出了今后深化社区治理工作的建议：对政府来说，首先需要转变思路，将工作重心从经济增长转向社会全面发展，并致力于社区治理目标的实现；其次是从能力建设的角度，动员居民参与，实现居民自治；第三，在此过程中，要充分培育并发挥社会组织的作用，以社会组织为媒介，夯实社会发展的群众基础；最终，通过社区治理提升社会力量和居民能力，共同助力高新区的转型发展目标的实现。

接下来的三章，分别从这三个方面，进行深入研究，供决策参考。

5 转变思路：培育社会资本促进区域发展转型

在中国，各项工作的顺利开展都离不开政府的引导与推动，社区治理也不例外，政府的理念和行动将直接决定社区治理的走向和成效。政府、居民及社会组织间平等合作的社区治理模式能否建立起来并在实践中成功运行，取决于政府如何看待居民自治、社会组织的作用以及政府自身在社区治理结构中的角色定位。本章将从社会资本的角度，分析社区治理对区域发展的重要性。社会资本具有广泛的社会效益，不论对社区居民、社区，还是对地区经济社会的和谐发展来说，都是非常必要和基础性的工具。如果说在投资驱动阶段政府的主要任务是招商引资的话，那么，在创新驱动阶段，政府的主要任务之一就是提升社会资本，社区治理则是培育社会资本的途径。

5.1 什么是社会资本？

社会资本是一个目前广泛应用于社会科学领域的重要概念，奠基人是布迪厄和科尔曼，不过将社会资本研究进行大规模扩展的是政治学家帕特南（Putnam）（周红云，2010）。在其成名作《使民主运转起来》一书中，帕特南将社会资本定义为社会组织的特征，如信任、规范和网络，能够通过促进合作行为来提高社会效率（帕特南，2001）。正是因为被认为是一种为促进共同利益而采取的集体行动的正式和非正式的规范和网络，因此，社会资本对于个人、组织之间的生产和合作乃至整个社会的进步和繁荣具有积极意义（吴光芸、杨龙，2006），并被认为是一种能够对社区建设产生积极促进作用的有效资源（涂晓芳、汪双凤，2008）。

虽然帕特南将对社会资本的关注推广到了更广泛的领域，但他强调的是在群体或社会层面如何培育和发展社会资本以推动群体和社会的发展，进而将社会资本理论扩展到更为宏观的民主治理研究当中（李婷、赖雄麟，2012）。社会学中的网络学派，则早在20世纪70年代就开始关注以个人为中心的社会网络所形成的社会资本及其作用。所以，对社会资本的理解，可以简单分为两类：以个人为中心的社会资本和以社会为中心的社会资本。前者关注个体关系网络的营建、发展和维持，后者则关注群体的规范和价值观。以个人为中心的社会资本关心的是个人如何对社会关系进行投资以及个人如何动用嵌入在社会关系中的资源，以实现特定的目标。以社会为中心的社会资本就是一个社会、社区或者群体中集体的社会资本，主要包括：①特定的群体如何发展或维系一定存量的社会资本作为公共或集体物品；②这一公共（集体）物品如何改善群体成员的生活品质（林南，2005）。对社区发展来说，个人的社会资本和社区的社会资本是互相影响的；对地区发展来说，以社会为中心的社会资本是更值得关注的。相比以个人为中心的社会资本，以社会为中心的社会资本对社会进步有着更重要的影响和意义。因为以社会为中心的社会资本为群体、社区或者社会每一个成员所共同拥有，是为所有成员的公共利益服务的。如果一个社会的社会资本高，可以增加全社会每一个成员的福祉，而一个社会中某个人或某些人的社会资本高，并不一定给全社会每一个成员都增加福祉。

按社会资本的不同层次进行分类　　　　　　　　　表 5-1

	1	2	3
以个人为中心的社会资本	微观社会资本：个人可以通过建立社会关系来获得通向所需资源，如信息、工作机会、知识、影响、社会支持以及长期的社会合作等的途径	外部社会资本：微观层次和中观层次的社会资本，产生于某一行动者的外在社会关系，其功能在于帮助行动者获得外部资源。归属于个人而且服务于个人的利益	个人社会资本：外部社会资本或私人财货（Private Goods），除了微观的个人关系及这些关系中所蕴含的资源外，还包括个人所占据的网络结构位置能带来的资源
	中观社会资本：个人因其在社会结构中所处特定位置而形成的对资源的可获得性		
以社会为中心的社会资本	宏观社会资本：在团体、组织、社会或国家中某一行动者群体对社会资本的占有情况。关注的是作为所有社会、经济活动背景的政治和制度性环境以及政府治理机制的质量	内部社会资本：宏观社会资本又被称为"内部社会资本"，因为它形成于行动者（群体）的内部关系，其功能在于提升群体的集体行动水平。归属于某一群体，而且服务于该群体的公共利益	集体社会资本：内部社会资本或公共财货（Public Goods），除了宏观的群体内部的社会联结与互信外，还包括群体的结构方式是否可以促成集体行动并创造资源

资料来源：根据文献整理所得。

根据表 5-1 的分类解释，我们可以把社会资本看作是一个共同体的人与人、人与组织以及组织与组织之间在长期交往的过程中形成的密切关系，以及由此带来的对违规行为的惩罚机制和相互之间的高度信任，同时也是可以为个人或组织带来收益的一种资源。

随着对社会资本认识的不断加深，对社会资本在个人与社会经济发展中的作用的分析，已经从原来偏重于从总体的量的方面考虑，转换到从不同类型的质的方面分析（陈雷，2011）。中国学者从不同角度出发，对社会资本进行了不同的分类，例如微观、中观、宏观三个层面（姜振华，2008），经济学、社会学和政治学意义下的社会资本（谢志岿，2007），认知性的和结构性的社会资本，作为私人物品的和作为公共物品的社会资本，正外部性和负外部性的社会资本等（程民选，2007），参见表 5-1、表 5-2。

帕特南关于社会资本的 bonding、bridging 的二分法得到了普遍接受。在这一经典二分法中，粘合性社会资本（Bonding Social Capital，又称结合型社会资本）是指具有相同人口统计学特征的人之间的联系，如邻居、亲密朋友、同事等，可以让早已彼此认识的人群加强联系。桥梁性社会资本（Bridging Social Capital，又称沟通型社会资本）则是指不具有相同人口统计学特征的人之间的联系，可以让本来彼此不认识的人或人群建立关系。两种类型的社会资本对社区社会组织所发挥的作用分别表现为：粘合性社会资本有助于社区社会组织的形成，成员间容易达成共识，并形成集体行动；而桥梁性社会资本则帮助组织获得更多外部资源的支持和信息交换。有学者认为，由于粘合性社会资本是在同类人之间建立的排外性团结，因此是创建社会资本的第一步，但真正对治理绩效产生影响的是桥梁性资本社会，因为它可以在具有不同背景的人之间建立包容性团结，特别有助于维持社会信任与合作（陈雷，2011）。从社会资本的功能来说，桥梁性社会资本由于跨界所产生的社会凝聚力，可对社会稳定、经济发展起到重要作用（陈冀周，2010）；相对而言，局限性的人际信任与封闭性的社会网络则会对社会治理和发展产生显著的负面作用（陈捷、卢春龙，2009）。据此，我们可以根据社会发展需要，有针对性地根据不同情况采取不同的手段，提升社会资本。

按社会资本的不同性质进行分类　　　　　表 5-2

从主客观角度	结构性社会资本（Structural Social Capital）	相对客观和外部可观察到的社会资本，包括客观生成的网络、社团、机构和维持这些网络与组织运作的规则和程序，体育和文艺俱乐部、邻里委员会等是典型例子
	认知性社会资本（Cognitive Social Capital）	比较主观和抽象的社会资本，指一系列主观上共享的价值观念与情感，包括民众普遍接受的行为规范、互惠、信任与认同
从异同性角度	粘合性社会资本（Bonding Social Capital）	又称纽带性社会资本，指具有相同人口统计学特征的人之间的联系，如邻居、亲密朋友、同事等，可以让早已彼此认识的人群加强联系
	连接性资本社会（Bridging Social Capital）	又称桥梁性社会资本，指不具有相同人口统计学特征的人之间的联系，可以让本来彼此不认识的人或人群建立关系

资料来源：根据文献整理所得。

5.2 社区治理的主要目的是提升以社会为中心的社会资本

社区治理，简单说是通过居民参与自治树立公民意识，培育社会组织参与社区公共事务，形成政府、居民与社会组织之间的良性互动。进一步而言，社区治理就是在接近居民生活的社区内，依托政府组织、社会组织和居民自治组织以及个人等各种网络关系，应对社区内的公共问题，共同完成和实现公共服务和社会事务管理的改革与发展。治理的目的是为居民更好地提供公共产品。这些公共产品包括物质和非物质两方面，前者指的是满足社区居民的基本公共服务设施建设等，后者更重要，社会资本就是主要内容之一，因为以社会为中心的社会资本本身就是一种公共产品。

5.2.1 社会资本的作用

社会资本的广泛含义，使之不论对个人还是社区乃至地区和国家的发展，都会产生积极的作用，而且三者的关系借由社会资本统一起来，互相依赖，互相促进。

（1）微观层次的社会资本可以简单定义为个体联系（Individual Connections），类似于中国人所熟悉的"关系"。从个体和工具理性出发，以个人为中心的社会资本是特定行为者可以利用的实现个体目标的资源。个体占有的社会资本的大小，取决于他可以有效运用的网络规模的大小，或者与他有联系的每个人依靠自己的身份所占有（经济的、文化的和符号的）资本的大小。理论上，一个人的社会网络的异质性越大，网络成员的地位越高，个体与成员的联系越弱，则其拥有的社会资源就越丰富。

个体层次的社会资本一经创造，就会有益于相关社会结构内的所有个体。因此，个人层面的社会资本不仅对本人产生影响，也对每个人所处的社会网络产生影响。也就是说，个人的社会资本的强弱，将影响社区的发展质量。在这一点上，个人利益与社区集体利益相结合。

（2）社会资本在社区中的作用是因为社会资本具有公共属性，对于促进社区的和谐、持续发展具有重要的作用。

对社区来说，社会资本表现为规范个人行为，促进邻里交往，促使社区居民达成相似的价值观和社区情感。居民在社区中可以得到更多的情感支持、社会支持和工具性支持，提高自身生理、心理健康，改善生活质量。

此外，社会资本也是解决集体行动问题的重要资源。因为社会资本关注网络、规范、信任等社会内部的文化机制，强调借由集体行动和组织行为形成的社会联系或社会关系，其间产生的沟通、协调、互惠合作等价值特征是推动社区发展的关键因素（潘泽泉，2008）。因此，社会资本可以提高居民参与程度，推动居民自治。

（3）对地区社会发展与经济增长来说，社会资本同样具有重要意义。社会资本可以在社会各利益主体之间建立广泛而平等的社会网络，增强社会的契约精神和信任度，为创新提供合适的土壤，并通过降低交易成本，促进地区经济增长和社会环境改善（图5-1）。

总之，一方面，社会发展需要提升社会资本，另一方面，较高的社会资本也有助于个人、社区乃至地区的社会经济发展。社会资本的提升需要从公民社会的建设开始，需要从社会组织的培育入手，这些都是政府进行社区治理创新的主要工作内容。因此，可以说，政府推进社区治理创新的根本目标就是培育社会资本。

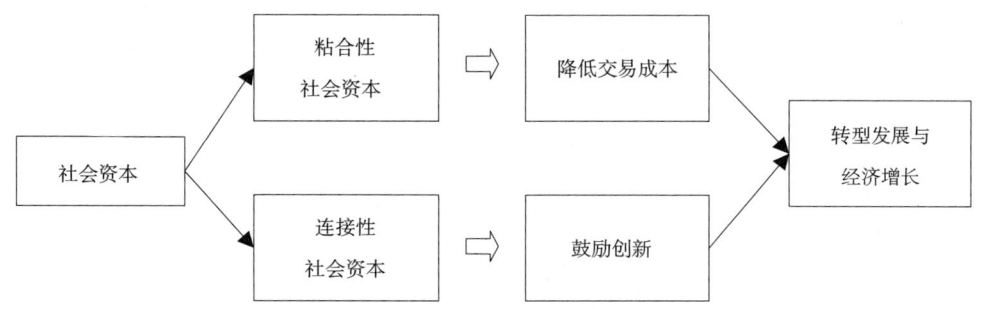

图 5-1 社会资本与经济发展之间关系的简要说明

5.2.2 创新驱动阶段最需要社会资本的投入

回到高新区的现实发展需要。城市发展离不开各种资本，在不同的发展阶段，所强调的资本形式不同（表 5-3）。在创新驱动阶段，更看重人力资本和社会资本，特别是社会资本，因为任何阶段都需要人力资本，只是不同阶段需要的人才不同。在创新驱动阶段所需要的高端人才，通常需要良好的社会环境、宽容的社会风气以及多层次的社会网络。这些环境要素都是社会资本的体现。对个人而言，社会资本是人力或智力资本传播、流通的催化剂。在广泛的互惠、信任与合作的便利性基础上建立的各种各样的社会网络是传播、扩散知识和革新的前提条件，如果缺少这一条件，人力资本可能只是"死资本"。因此，在创新驱动的发展阶段，特别需要社会资本的投入。

资本的形式　　表 5-3

类型	主要特点
资本	资本是一种可以带来剩余价值的价值，包括生产资料和劳动力（马克思），引申的含义：①各种曾经使用过或可供使用的物质财富，可用以生产更多财富。②在扣除所有债务后，某个企业或个人仍具有的资产。资产是从资本中派生出来的，一般可以认为是企业拥有和控制的能够用货币计量，并能够给企业带来经济利益的经济资源。③任何有利的条件或优势，拉丁文"capitalis"，意指"为首的"、"重要的"、"主要的"
自然资本	自然界所供给的生产要素，例如土地、矿产等。与物质资本的不同之处：后者是被生产出来的
物质资本	有助于生产其他货品与劳务的资产，如在生产过程中使用到的机械设备、建筑设施等
金融资本	金钱或书面上的资产，例如在银行的存款总额。虽然它可以用来购买生产货品、劳动力等，但无法直接生产出货品和劳动力
人力资本	劳动者专业技能的积累、做事的能力，用以衡量所具备的未来赚取收入潜力
社会资本	社会网络、规范以及对人们的身份地位有决定力的约束。衡量它的标准是是否有潜力让个人或团体的行动更有效

资料来源：David Halpern. 社会资本. 2008：3.

成都高新区当前的发展状况是：成都区位条件良好，自然禀赋相对较好；高新区经过20年的建设，基础设施已经达到国内领先水平；产业结构相对落后，城市转型的驱动力不强；人力资源和社会资本有较好的基础，能够在高新区转型过程中发挥重大作用。接下来，在创新驱动阶段，政府应充分发挥自身的优势，侧重于通过提升社会资本形成有利于创新发生的城市环境，吸引高质量的人才（表5-4）。

成都高新区转型要素特征　　　　　　　　　　　　　　　　　　　表5-4

基础设施	城区建设较为完善，基础设施能够为转型打好基础
产业升级	当前以高新技术制造业为主导的产业结构已经进入成熟期，发展增速变缓；三次产业结构长期未得到优化，亟须培育新一轮的主导产业
人力资源	高级人才相对较少，需要采取措施吸引各方面的人才
社会资本	社会资本较好，可以在推动城市发展转型的过程中发挥重要作用

此外，著名未来学家约翰·奈斯比特在《成都调查》一书中，针对成都的现实情况，特别提出了由产权改革、基层民主、基本公共服务均等化构成的创新铁三角（奈斯比特，2011），其中基层民主和基本公共服务均等化都体现在社区治理之中（图5-2）。

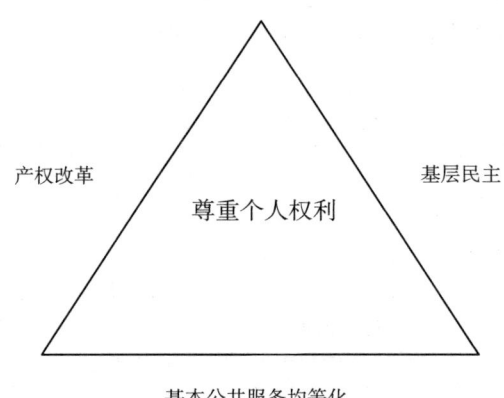

图5-2　创新铁三角的构成

5.2.3 社会资本是社区治理的手段和目的

社区治理依赖于政府与居民、社会组织之间形成的网络关系。如果说过去的管理方式依靠的是强有力的垂直控制和行政命令的话，那么，社区治理运行依靠的就是存在于公民社会中的社会资本力量，依赖于政府、居民和社会组织之间的相互信任与积极合作的态度。这些要素构成了治理过程中资源共享、组织间协调、有效沟通、伙伴关系的内在道德基础。可以说，社会资本与社区治理二者之间互相影响，社区治理创新有赖于社区社会资本的存量，社会资本是创新社区管理的重要动力和实现途径。或者说，治理的基础是公民社会的形成，而丰厚的社会资本积累是公民社会的结构性支撑。所以，社会资本既是社区治理的手段，也是目的。当前更需要强调的是通过社区治理提升社会资本这一主要目的。中国有着长久的家族制的传统，信任基本都是建立在血缘和亲缘的基础上，形成了费孝通先生所形容的波纹扩散式的"差序格局"。至当代，全社会的信任并没有相应增加，反而呈现出一种下降趋势（夏建中，2012），这一现状直接影响了社会与经济的可持续发展。社区治理创新正是要从基层组织社区入手，重建社会规范和人与人之间的信任，进而通过建立广泛的社会网络，培育适合创新的社会土壤，推动地区和国家社会经济的进一步发展。

5.3 政府在社区治理中的定位：引导、赋能、增权

奥斯本和盖布勒在论述授权政府时指出，政府应该将社会服务与管理的权限下放给社区、家庭、志愿者组织，并通过民主参与的方式让他们自我服务、自我管理，激发他们的创新热情。"当家庭、居民点、学校、志愿者组织和企业、公司健全时，整个社区也会健康发展，而政府最基本的作用是引导这些社会机构和组织的健康发展。"（毛寿龙等，1998）理想目标的实现需要循序渐进地进行。根据当前普遍的社会条件，政府简单的放权和分权未必会带来理想的效果，很可能引发社会混乱，因为我们的社会长期以来形成了对政府的依赖，社会管理的资源也垄断在政府手里，居民并不真正理解自治的含义，公民意识需要培养与学习。因此，在现阶段乃至今后一段时期内，还需要政府采取合适的方式，动用所拥有的各种资源，引导公民社会的走向。这就是政府在社区治理结构中的引导原则。因此，我们建议高新区在今后的社区治理创新中，确立政府"引导、赋能和增权"的理念。

5.3.1 坚持政府在社区治理创新中的主导地位

治理体现了政府通过设计，形成和执行正确政策来高质高效地履行政府职能的能力。坚持社区治理中的居民与社会组织参与，并不是否认和弱化政府的作用，相反，对政府的要求更高。这是由中国社区建设的"规划性体制变迁"的特点所决定的，即社区建设是在政府主导下有目的、有意识地进行的。其次，就中国的高新区来说，政府本身就是高新区这一体制和机制创新产物的构建者，因此，在高新区发展的治理结构或机制中的作用是不可替代的。

在政府主导的社区治理创新中，应积极采取以下引导措施：

（1）既支持自发性，又有规划地培育社区。突破居委会行政管辖范围的思维限制，以"便于服务管理，便于开发资源，便于居民自治"为原则，并考虑地域性、认同感等

社区构成要素，划分社区自治单元。比如肖家河街道以院落为单位所推行的居民自治工作，就是一项有创新的制度设计。

（2）鼓励社区参与并提供多种参与方式，提高居民的社区意识。从各国社区发展的实践来看，一部社区发展史就是一部不断培育居民社区意识、提高参与能力、扩大参与领域、提升参与质量的历史。社区参与网络是居民自治的起点，也是社会资本的实质。在参与网络的基础上，加上相对稳定封闭的环境和长期持久的互动，互惠规范和信任就很容易产生。政府要引导和扩大社区居民参与，形成固定的参与网络，才能促进居民自治的发展。通过提供优质高效的服务，整合社区各种利益并有效地反映和表达社区成员的意见和要求，加强社区成员的沟通，激发社区成员的参与热情，开发和利用社区的各种资源。

（3）重建社区组织，重新界定社区成员主体，为社区居民、民间组织、法人团体等不同主体开辟不同的参与渠道，如建立社区成员大会和代表大会、社区协商理事会、社区居民委员会，健全居民参与的投入和保障机制，支持和固化社区参与网络，充分开发社区志愿者的劳力、智力和财力，发展社区经济，促进社区服务产业化，从而促进社区投入社会化渠道的形成。

（4）建立多元合作的社区治理结构，培育居民间横向的参与网络。一方面，规范制度化参与机制，比如通过民主选举、民主决策、民主管理和民主监督等制度化参与机制，来实现社区成员广泛参与讨论和决定社区事务与社区公共权力运作的全过程；另一方面，扩大非制度化参与渠道，活跃在社区内部的业主委员会、志愿者协会、文化体育社团等均是社区参与的重要的非制度化载体，应该积极发挥它们的结构性作用，将社区参与的范围扩大到经济、社会、文化、体育等各个领域。

（5）加强社区规划，引导居民依法管理自己的事情。通过进行有计划的建构，如社区设计和社区规划，激发社区成员对社区的兴趣，促进社区成员之间的互助和支持性联系。可以依据现代社会发展要求宣传现代社区观念，开展形式多样、有针对性的教育活动，营造共同关心、积极参与的良好的社区氛围，建立居民对社区的关心、认同、归属、依赖等认知性社会资本。通过社区设施建设和文化活动举办，改善社区生存环境，提高生活质量，满足居民的物质、文化需要和精神激励，提高认同感、归属感和责任感。

（6）健全社区居民自治的法律法规体系和参与制度，建立志愿者制度，保证居民在社区参与中的主体地位和权利、责任等同。通过制定法律、政策，保障和吸引社区参与，加强培训，使基层政府和社区成员迅速有效地适应社区建设和自治这一新的发展要求和制度环境。

除了正确认识自身在社会经济发展的不同阶段所扮演的不同角色之外，政府还应该对社区治理结构的各个主体有充分的认识，要正确认识和发挥居民自治组织的作用，参与社区服务和公共事务的管理。实际上，只要政府善于引导，就可以动员更多的社会力量，与政府一起，促进社会进步，通过社区治理，实现善治目标。因此，要坚持基层居民自治，坚持培育社会组织参与社区发展。

5.3.2 坚持居民的能力建设，公民社会是治理的基础

从普遍价值和长远目标来看，在社区建设中应该强化社区居民自治。也就是说，政府应该支持居民自治，因为：

（1）社区居民自治是一种管理成本较低的体制创新。中国社区普遍财力不足，人力资源富余，通过自治实施居民的能力建设战略，可以开发充足的人力资源，为社区建设提供可持续的源泉，而且可降低管理的成本。

（2）只有直接生活在社区之中并能对满足社会成员需求负责任的社区居民自治组织才能够最及时、准确地反映和表达社会需求。社区成员通过自治组织，进行自我管理、自我教育和自我服务，一方面满足政府和市场难以满足的社会需要，参与解决社区发展问题，创造自己的幸福生活，同时可避免社区成员的依赖性和依附性，实现可持续的"内源性发展"。

（3）社区居民自治有利于扩大公民有序的政治参与，加强基层民主建设。在经济社会发展水平不高的现阶段，政治民主化要从做得到的事情做起，从与人们切身利益密切相关的事情做起。通过社区建设中的社区居民自治，使公民在民主选举、民主决策、民主管理和民主监督的实践中培育公共意识、参与意识、合作精神和契约观念，训练参政、议政的技术和方法，可以为社会主义民主提供坚实的主体基础。

（4）社区居民自治有利于社会资本的提升，包括个人和集体的社会资本。

总之，现阶段我国的公民社会还没有建立起来，居民的公民意识比较淡薄，缺乏社区参与的意识和自治的能力。为此，在相当长的一段时期内，政府要坚持赋能理念，通过各种方式，加强居民的能力建设。

5.3.3 坚持实施增权式参与，支持社会组织参与社区发展

在社区治理中，政府一方的力量是有限的，现代社会的复杂性告诉我们，政府需要与社会组织一起，承担治理的责任。

广义的社会组织是指因有共同的利益目标和共同的社会需求而建立的从事特定活动的社会共同体。狭义的社会组织，在国际上通常称为"志愿者组织"或者"非营利组织"（NPO），主要是指以促进国家经济和社会发展为己任，不以营利为目的，具有正式的组织形式，且属于非政府体系的社会组织。类似的概念还有"第三部门"、"公民社会"、"非政府组织"等，本书主要指狭义的社会组织。在新的发展时期，政府要从社会公共服务的直接提供者向管理者转变。在这一转变过程中，社会组织的作用是超越政府与市场的第三部门。

社会组织的作用有以下几项：

（1）弥补政府在提供公共服务方面的不足。长期以来，我国的公共物品和公共服务都是依靠政府提供的，但是由于政府自身的局限性和缺乏竞争力，在提供公共物品的过程中往往会产生失灵的现象，出现政府提供公共物品和服务的效率低下，公共物品和公共服务的质量不高，提供公共物品和服务的成本过高等问题。同时，公共物品和服务的公共性、非竞争性和非排他性决定了市场在公共领域的失灵。社会组织则可以弥补这一部分的空白，能够整合社会各类资源用于公共管理和公共服务。社会组织在中国的发展实践已经证实其在环境保护、帮助社会弱势群体、社区服务等方面是较好的选择，弥补了政府在提供公共服务方面的不足。

（2）社会组织能够促进社会矛盾的解决。改革开放以后人们逐渐由"单位人"转变为"社会人"，社会利益主体和需求越来越多元化，社会矛盾日益凸显。许多集体行为的问题只通过个人行为无法解决，由遥远的国家权力或间接的政治民主程序也不容易解决。相反，社群的自我调节，结合国家及其机构的权威，倒可以使问题得到解决，因为各种类型的社会组织分别代表着不同类型利益主体的利益，能够建立使政府与社会之间进行对话、协商、调解的双向沟通的平台，能够有效地化解激烈的矛盾。在面对利益群体的矛盾时，政府可以利用社会组织进行调节，而公众也可以利用社会组织表达自身的利益需求，影响政府的决策，进而使社会组织成为调节社会矛盾的有效机制。

（3）社会组织能够提升社会资本，增强社会凝聚力。社会组织是由有共同的社会利益的群体组成的，组织的成员具有相同的利益需求。成员能够在社会组织中得到支持和帮助，实现个人无法完成的事。有些社会组织开展志愿性的活动，如为社会弱势群体提供帮助等，则可以凝聚社会人群，吸纳社会人进入组织这一有序的环境中，使成员相互包容、共存，增强社会凝聚力，有利于社会稳定和和谐。

（4）有助于培育公民社会。"公民社会，就是国家或政府系统以及市场或企业系统之外的所有民间组织和民间关系的总和，它是国家政治领域和市场经济领域之外的民间公共领域。"社会组织的发展能够培育公众的意识，提升社会责任感，培养公众自我管理、自我服务、自我教育、自我监督的能力，促进公民社会的形成。

活跃的民间组织可以通过社会资本的滋养推进公共机构的良好运作，国家也必须同社会组织保持良好的互动才能有效推动其政策的实施。赋予社会行动者更大的力量，也就是所谓的"社会增权"，并不一定会削弱国家管制社会的权力；在某些情况下，运作良好的民间组织和制度可以构成所谓的"社会性基础设施"（Social Infrastructure）的一部分，通过这些基础设施，社会的需求可以同国家的权力实现有效的沟通和整合，这样，国家便可以更加有效地根据全社会民众的需要确定施政的目标，从而更加有效地为全社会广泛的利益要求服务。在这样一种趋势下，非政府组织已经成为重要的新政治行为者（夏建中，2012）。

在发达国家，由于公民意识比较强，自治意识、权利意识较强，形成了良好的市民社会，社会组织发展得比较成熟，规模较大，政府逐渐认识到社会组织在社会治理中的作用，出台了相关政策支持社会组织的发展，为社会组织实现其职能提供了良好的环境，因此，社会组织为社区提供了慈善、医疗、文化、艺术、倡议、教育等专业性的服务，在社区服务方面基本上形成了机构健全、组织完备、内容广泛、方便灵活的社区服务体系，并呈现出多元化、职业化和专业化的特征。在组织形式方面，将政府机构与非营利组织相结合，专业的社工服务与志愿服务、互助服务相结合；在资金方面，将政府资助、民间捐助、社会集资与适当收费相结合；在服务项目上，将福利型与服务型相结合。在社区服务方面形成的较完备的体系，最大限度地动员了一切可以利用的资源，大大提高了社区服务的能力和水平。

与发达国家的情况形成对比的是，在现阶段，由于我国公民社会先天缺乏，所以政府需要主动承担引导和支持社会组织发展的任务。除了广义的非政府组织所代表的社会组织之外，社区社会组织还包括居民自发成立的社会组织，前者是外来的，后者是内生的，包括居民自治组织。他们的构成以及在社区治理中的角色不同，需要区别对待。对于内生的社区社会组织，在大力扶持的同时，也要注意从一开始就进行制度建设，保障这些组织的健康发展。

总之，社区治理目标，主要是实现基层社会管理工作从政府的全包模式转化为政府与居民和社会组织的共担模式；社区治理创新，就是找到形成共担模式的方式方法。需要注意的是，创新并不意味着政府推卸责任，相反，从某些角度看，是承担了更多的责任。基层政府一方面要有长远发展的全局性眼光——培养公民意识，促进社会进步和社区全面发展，另一方面还要有切实可行的具体措施。

5.3.4 社区治理的目标是多方共赢和善治

社区治理是政府实现社会管理、社会共治目标的具体表现，也是手段。通过社区治理，培养居民自治能力，培育社会组织，政府一方面给社会组织增权，给居民赋能，另一方面通过分权减轻政府在社会管理上的负担和压力，是一项政府、社会和居民多赢的选择。

但治理并不是万能的。相较于传统的政府管理方式而言，治理更能应付千差万别的现代社会中的决策问题，长于横向协调及伙伴关系、协商、规范，但却短于通盘权衡以及就局部政策管辖范围之外的问题作决断。因此，作为治理的补充和发展，善治成为治理理论的重要组成部分（夏建中，2012）。

善治是使公共利益最大化的社会管理过程，是治理方式的最优化实现，其本质特征是政府和公民对公共生活的合作管理，是国家与公民社会的一种新关系，是两者的最佳状态（夏建中，2012）。就社区治理来说，在治理主体和治理过程方面，强调以社区为单元的社会管理创新，侧重于政府、居民、社会组织等多元主体之间通过互动与协商，构建一种全新的合作治理关系，而作为目标的善治，强调的就是多元主体之间形成良性的互动与合作关系，实现各方共赢（图5-3）。

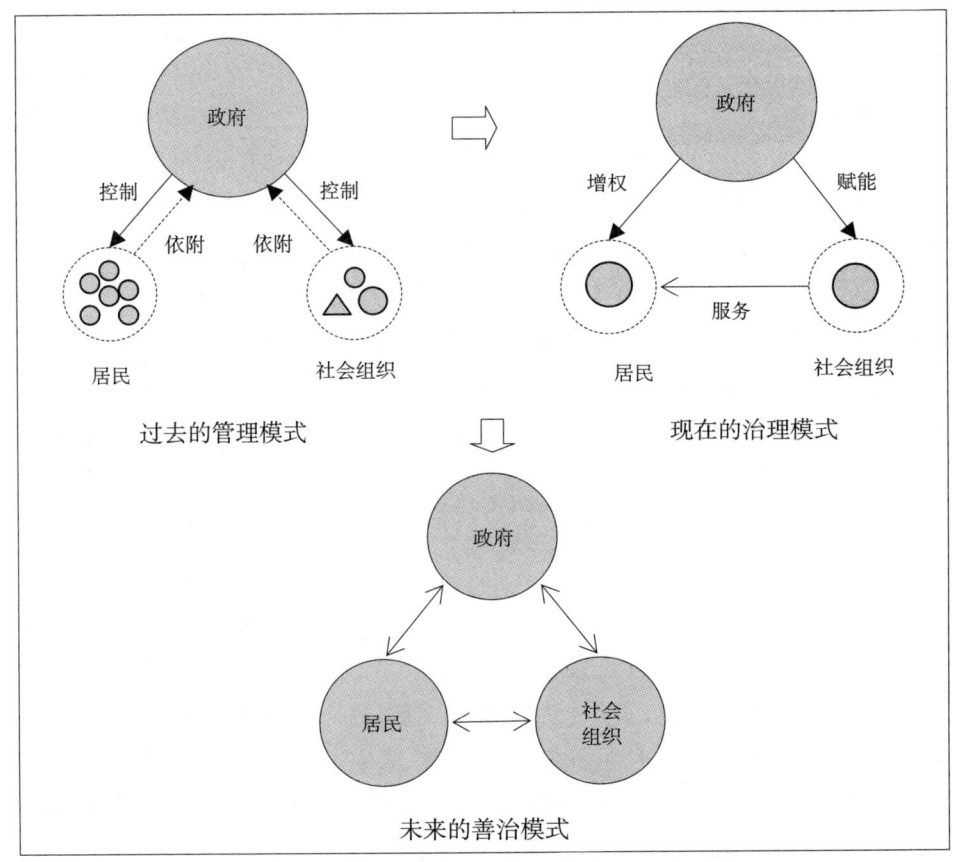

图 5-3 社区治理结构中政府、居民和社会组织三者关系的演化模式

5.4 实现社区治理目标的保障措施

政府如何扮演好引导、赋能、增权的角色定位？在政府主导的社区治理创新中，政府首先要进行"自我革命"：转变观念、下放权力、转变职能以及改变领导方式，为居民自治和社会组织的成长让出空间。其次，要培育居民的社区参与意识、参与能力，引导居民民主、深入、广泛地参与社区事务，形成居民参与网络。第三，要培育社区社会组织，更好地为社区服务，承担政府的部分社会管理职能，满足居民生活需要。最后，政府要尽可能为社区治理结构的形成提供制度和物质上的支持。

5.4.1 政府转变观念、职能和领导方式是社区治理创新的前提

在成都高新区当前的发展阶段，政府的定位需要从招商引资这种直接促进产业发展和推动经济增长的角色转换为广泛地提供公共服务，鼓励居民自治，培养社会组织，提升社会资本，为地区的创新发展提供良好的社会环境，达到保障地区转型发展的目的。

中国城市社区建设是在全能政府"失效"和市场"失灵"及培育市场与培育社区双重改革的制度背景下发生的社会整合过程。在现阶段社区建设实践中，要改善社会治理结构，实现社区治理目标，政府转化理念，自我革命是重点，引导居民自治和培育社会组织是重中之重，而其中，支持居民自治是难点。

为此，政府必须改变自己的领导方式，即不能再以行政命令的方式对社区居民自治组织发号施令，而是要积极支持和科学指导社区居民依法管理自己的事情。如用治病作比喻，政府管理是"大医院不看小病"，社区自治则是"小病早治，无病早防"。双方各有分工，但又能形成良好的合作。

现代产业体系的建立，离不开规模庞大、相对独立且可以在经济增长或社会发展中发挥直接作用的社会组织。在我国独特的政治体制下，要在社团管理体制、社会组织培育机制上有所突破是很难的，在这种情况下，可以通过培育社会资本网络来发挥社会组织的作用，形成一种替代。"这就要求政府重新认识自身的角色以及在政社关系重建中的功能作用，建立政府与社会之间的基本信任。与此同时，在制度建设中，解除对社会组织的准入规则，授予社会组织应有的法律地位，分享信息与扩大知情，为社会组织参与服务供给提供更为宽松的环境和空间，发展、促进其在社会事务管理中的影响力，如此，才能获得社会善治所必需的治理资源。"（孙柏瑛、祁凡骅，2013）因此，基层政府要转变观念，认识到社会组织在社区发展过程中的作用，积极进行社会组织培育与发展，积极引导社会组织的发展，将其纳入经济社会发展的整体规划之中，并给予相应的政策支持、财力支持、物质支持、人力支持和组织支持。要制定多样化的支持政策，既达到有针对性地支持社会组织发展的目的，又要避免社会组织对政府形成依赖，失掉社会组织的本质。

同时，政府不能放弃在社会组织的培育和发展中起主导作用，为社会组织的健康发展提供动力，一方面建立对社会组织的效能考核机制和监管制度，另一方面，也要帮助社会组织完善内部的规章制度，促进社会组织尽快形成自我管理、自我约束的自律机制，包括要求社区社会组织向居民公开财务状况，建立社区社会组织的信用等级制度、评估机制、社会曝光机制、项目制和奖惩机制，对社会组织进行评估时要为居民参与提供平台等。总之，政府应该根据本地区的发展状况来制定有利于社区发展的政策，以规范社会组织的发展。

政府主导的社区治理创新，在充分认识到政府的角色定位之后，主要从对居民自治和对社会组织的引导和支持两个方面展开。具体是高新区和街道办事处两级政府的分工，区政府的重点在社会组织的培育方面，街道办事处作为基层政府，工作重点在推进居民自治方面。

5.4.2 重视基层党组织的作用

当前社区社会组织的力量还比较薄弱，社区居民又普遍缺少参与意识，基层党组织将是非常有潜力的替代力量,应该成为具有中国特色的社区发展道路上的重要组成部分。

社区治理意味着政府的权力逐渐淡出,那么,政府权力的真空应该由谁来填补呢?居委会从法律地位上来说,属于居民自治组织,但目前,居委会的行政色彩浓厚,尤其是在高新区这样的地方,行政设置与一般区政府不同。以肖家河街道为例,一个社区居委会管辖几千户居民,远远超过规定标准(按照《中华人民共和国城市居民委员会组织法》,居委会根据居民自治的原则,一般规模为100~700户)和全国平均水平(1000户以下占大多数),因此,在实际工作中必须承担大量政府交办事务,基本上等同于政府组织的一部分,很难履行居民自治的责任。于是造成如下困境:当前社会组织的力量还很有限,居民普遍缺乏自治意识,政府权力撤离后所造成的权力真空也不是社区居委会所能立即填补的。这就需要另外一种力量,否则,社区自治能力不足就会引发政府的行政干预,政府的行政干预反而会进一步增强社区对政府的依赖,导致行政权力延伸的程度与居民自治程度的负相关,即行政干预越深,居民的自治水平就越低。目前看来,基层党组织不失为一条更合理的介入途径。因为与行政权力外在于社区不同,社区基层党组织是内在于社区的,就是说,基层党组织的党员都是社区内的居民,党组织对社区公共事务的介入就意味着党员居民的政治参与,而且基层党组织对居民的动员并不依赖于物质利益或行政权力,而是组织本身所具有的强大的组织资源。肖家河街道的先行先试,即以院落党支部为核心,探索出了一套扎根基层、支部建在院落、调动群众参与社区管理和自我管理的名为"三驾马车"的院落自治模式,已经为如何在社区自治中发挥基层党组织的作用提供了可借鉴推广的经验。

从国外的经验来看,社区治理中发挥很大作用的除了社区自治组织,就是社会组织,也可以称为非政府组织(NGO)。但中国的现实是还没有培育发展出众多与西方发达国家类似的社区社会组织。在这种情况下,必须结合中国的现实特点,寻找推动社区治理的突破口。属地化管理之后的社区党组织其实也是一种社区组织,而且因为群众基础深厚,数量大,有众多优良传统,因此,基层党组织是中国式社区治理创新中不可忽视的一股重要力量,如果善加利用党员的模范带头作用、基层组织团结群众的作用,在推动居民参与、监督社会组织等方面,都会发挥积极作用。

5.4.3 建立多渠道交流平台,支持多中心治理网络

作为一种创新,社区治理主要考虑发挥社区居民和社会组织等多元主体在社区公共事务中的作用,随着社区治理的推进,将会形成一个多中心的治理网络。因此,为达成多元主体之间的良性互动与合作,增进政府、社会组织与居民之间的沟通就成了非常必要的工作。以肖家河街道为例,在以院落自治为主要内容的社区治理创新实践中,除了通过"四有保障体系",激发居民参与院落自治的积极性,确保院落自治的制度化、规范化,切实保障院落自治的有效性、有序性、可持续性,还通过"三大平台",保证居民与

居委会和街道办事处之间的沟通,这三大平台分别是:①"院落问题分析会"工作推进平台;②"社区论坛"沟通交流平台;③"民主问政"参政议政平台(具体内容参见第4章的介绍)。其中的"民主问政互动平台"主要依托信息网络而建,与"社区论坛"形成了"线上线下"的两条民意通道,使居民意见能够及时得到表达并得到回应。

这些平台,主要用于沟通基层政府与居民的交流,但也是自上而下的。在接下来的社区治理工作中,一方面要定期对这些平台的作用进行评估,考察其是否真正发挥了沟通的作用;另一方面,更要注重建立居民和社会组织之间的横向的交流平台。因为在治理过程中,无论哪种组织,都不可能同时拥有知识和资源两个方面的充足能力来独自解决一切问题,它们必须通过与其他组织交换知识和资源来达到目的。这种横向的交流平台,除了制度建设之外,为居民自治和社会组织提供必要的活动空间,如市民会馆,也是很有必要的。这些活动场所,实际上也是社区的公共空间,有利于促进居民的交往,对于社区公共意识的重建、社会网络的形成,都是一种必要的物质性保障。这种活动空间,类似于日本的公民馆,集公民学习班、图书馆、博物馆、公众集会厅、产业指导所等功能于一身,既是居民参加社区活动、交流情感的主要场所,同时又是公民开展自主、自由学习的知识殿堂[①]。公民馆为二战后日本社会教育理念的形成、发展及丰富,提供了有力的支持与保障,同时,也为促进社区居民交流,提高居民修养,推动经济增长及社会稳定起到了积极的作用。尤其是在进入21世纪后的今天,日本社会正处在创建一个理想的"学习社会"的转型期,公民馆的存在与发展,为日本早日实现这一宏伟理想奠定了坚实而牢固的基础。

5.5 小结:政府的主导作用

社区治理虽然落脚在城市的基本单元——社区,但对社会经济发展转型具有深远的意义。社区治理创新需要各级政府从创新驱动区域发展的新角度,重新认识社区治理的重要性,进而制定相应的政策措施,从更宏观的领域调动资源,统筹规划,发挥基层政府、社会组织、企事业单位和居民的力量,共同促进社区治理的有效推进。

影响社会发展的原因是多方面的,社会资本的分析途径引起了人们对政治、经济以外的非制度性因素的重视(周红云,2010)。对高新区这一新兴的社会经济实体来说,在以往的发展过程中,由于长期侧重于经济增长而对社会资本的建设相对忽略,加之与老城区相比,传统的社会资本基础相对薄弱,急需通过社区治理提升以社会为中心的社会资本,补足其今后发展过程中的短板。这是地方政府在制定今后的发展战略时首先要确

---

① 1963年,日本文部省所属的社会教育局在《进展的社会与公民馆的运营》中指出,公民馆应该成为地区居民学习及文化活动的场所,应该是地区居民解决日常生活问题并得到帮助的场所,同时也应该是设施与居民之间,居民与居民之间结成朋友及连带关系的场所。

立的认识,也是政府进行社区治理的重要的内在动力来源。

尽管社区治理的意义重大,但社区建设必须以居民关系的建设为起点,即采取各种措施有效地动员居民参与社区公共事务,举办各种活动,提供条件促进邻里交往,因为嵌入在这些关系中的社会资本不仅可以改善居民和社区的福利,也是通向公民社会的必由之路,而且只有社区社会资本的不断积累才能保证社区效能的持续。总之,政府组织、企事业单位,包括社会中介组织在内的各种社团组织以及社区居民都是社区治理的主体。但是,在我国城市社区中,这些主体要么是数量有限,要么是力量太小,独立承担社区管理的任务尚待时日。因此,在相当长的一段时间内,还需要政府发挥主导作用,在转变观念的基础上,采取相应的措施加以引导。

6 培养能力：居民自治是实现社区治理的基石

社区治理中的一个重要环节是动员居民参与社区公共事务，借此培养公民意识，实现自我管理和社区自治。如何实现真正的居民参与，是困扰中国城市社区治理的难题。在单位制逐渐解体之后，街居制成为城市社区治理主要的体制基础。但现实中的街居制面临诸多挑战，比如居委会的自治属性往往埋没于行政管理之中，业委会等新兴的居民自治组织带来了新的不确定性等。对于成都高新区来说，因为近年推行院落自治已经取得了成效，奠定了一定的社区治理基础，因此应以此为突破口，通过对前一阶段工作的全面评估，结合现实和未来发展需要的深入思考，进一步完善院落自治制度，更加深入和全面地推动居民自治，提升社区层面的社会资本。其中首要的工作是通过各种途径，增强居民的社区意识，培养居民参与社区事务的能力，这是实现社区治理目标的基石。

6.1 院落自治的启示

高新区推行的院落自治始于肖家河街道办事处，属于一种地方政府的社区治理创新，其出台背景及实施过程已经在第四章中进行了介绍。课题组以肖家河街道院落自治实施3年来的居民调查问卷为基础，结合访谈，深入分析院落自治的成效及存在的问题，希望更全面地认识这一制度创新，并为今后进一步推广提出建议。在2013年8月14日至16日期间，共进行了针对街道办事处和社区工作人员以及四个社区居民的共5场座谈会，发放了两份问卷。

6.1.1 概况

肖家河街道办事处是成都高新区成立之初，安置征地拆迁农民和老城区低洼棚户区的拆迁居民后所设立的第一所街道办事处，目前是成都高新区党工委、管委会的派出机构（县处级）。肖家河辖区面积共2.75km^2，分为工业区和生活区两部分，2013年底总人口6.3万人，下辖正街、兴蓉、永丰、联谊四个社区居委会（图6-1、表6-1）。

为了解肖家河街道自推行院落自治以来，居民对它的了解、参与和满意度等情况，中国人民大学公共治理与和谐城市研究中心在肖家河街道办事处和各社区的协助下，完成了问卷调查工作。

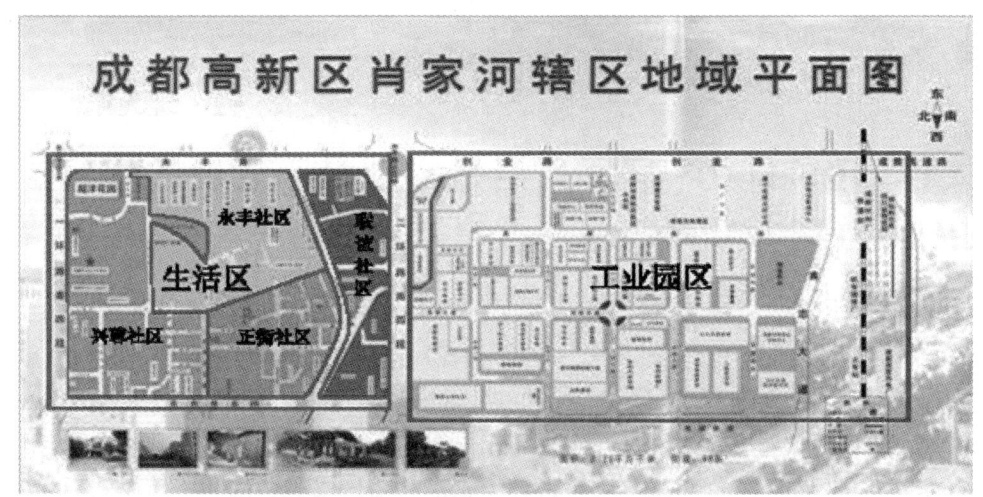

图 6-1 肖家河街道总平面图
资料来源：肖家河街道办事处提供。

肖家河街道四个社区基本情况一览表　　　　表 6-1

名称	成立时间	面积（km^2）	人口	院落数量
正街社区	——	0.25	8651	31
兴蓉社区	2002 年	0.35	11976	49
永丰社区	——	0.3	13932	34
联谊社区	2002 年	0.37	9698	19

资料来源：肖家河街道办事处提供。表中人口数为户籍人口。

第一份问卷内容分为四部分，共 23 道题，四部分内容分别是：①基本信息；②居民对院落自治的了解、认可和满意度情况；③院落自治过程中居民的参与情况；④居民对未来院落自治工作的建议。第一份问卷根据肖家河街道的现实特征，采取分层抽样的方法，按照院落规模（小规模院落为 100 户以下，中等规模院落为 101～300 户之间，大规模院落为 301 户以上）和院落性质（农转非居民为主的院落、城市拆迁户为主的院落、单位家属区院落，由于院落自治主要在肖家河街道的自管院落中展开，所以物管小区没有列入调查范围）进行了抽样，4 个社区居委会共有 19 个院落被抽中，然后通过院委会的协助，在每个院落随机发放 35 份问卷，完成了全部问卷发放工作。由于时间所限（非休息日），个别院落没有按计划完成回收 35 份有效问卷的任务，选取了邻近院落，采取随机发放问卷的方法进行了补充。本次问卷调查共发放问卷 750 份，回收有效问卷 655 份，回收率为 87.33%，涵盖肖家河街道 4 个社区的 26 个院落。其中正街社区 144 份，占 22.0%，兴蓉社区 211 份，占 32.2%，永丰社区 160 份，占 24.4%，联谊社区 140 份，占 21.4%。在下文分析中简称"问卷一"。

第二份问卷主要针对院落自治"三驾马车"的成员展开,问卷内容分为四部分20道题,四部分内容分别是:①基本信息;②"三驾马车"管理体系基本情况;③对"三驾马车"管理体系及其组织的了解、认可与满意度;④未来建议。第二份问卷的调查对象是第一份问卷调查被抽中的院落的"三驾马车"成员,共发放115份,回收115份,回收率达到100%。其中正街社区23份,占比20.0%;兴蓉社区22份,占比19.1%;永丰社区47份,占比40.9%;联谊社区23份,占比20.0%。在下文分析中简称"问卷二"。

实现居民自治的前提是居民参与社区公共事务,并且是理性参与。这是一个过程。作为一项制度设计,院落自治是否真正实现了自治,首先要判断的是居民对这项制度是否了解与认可,其次是居民是否真正参与其中。问卷设计的目的正是为了了解这方面的情况。

6.1.2 问卷调查的基本情况

问卷一的调查对象的性别、年龄、受教育程度等基本情况如表6-2~表6-9所示。

调查对象性别统计表 表6-2

性别	有效数据	所占比例
男	271	43.5%
女	352	56.5%
合计	623	100.0%

调查对象年龄分布统计表 表6-3

年龄	有效数据	所占比例
18~25岁	35	5.6%
26~35岁	101	16.1%
36~45岁	103	16.4%
46~55岁	113	18.0%
56~65岁	166	26.4%
66岁以上	110	17.5%
合计	628	100.0%

调查对象家庭人口统计表 表6-4

家庭人口数	有效数据	所占比例
1	44	7.0%
2	127	20.2%
3	255	40.6%
4	119	18.9%

续表

家庭人口数	有效数据	所占比例
5	67	10.7%
6	10	1.6%
7	5	0.8%
8	1	0.2%
合计	628	100.0%

调查对象家庭月收入统计表　　　　　　表6-5

家庭月收入	有效数据	所占比例
1000元以下	30	4.7%
1001～2000元	117	18.4%
2001～3000元	165	25.9%
3001～5000元	164	25.7%
5001～8000元	87	13.7%
8001～12000元	53	8.3%
12001～20000元	15	2.4%
20000元以上	6	0.9%
合计	637	100.0%

调查对象受教育程度统计表　　　　　　表6-6

受教育程度	有效数据	所占比例
小学及以下	72	11.1%
初中	211	32.6%
高中（或职高、中专）	199	30.8%
大专	90	13.9%
本科	71	11.0%
硕士研究生及以上	4	0.6%
合计	647	100.0%

调查对象户口类型统计表　　　　　　表6-7

户口类型	有效数据	所占比例
本地农转非户口	190	29.5%
本地农业户口	19	3.0%
本地非农业户口	298	46.3%

续表

户口类型	有效数据	所占比例
外地非农业户口	73	11.4%
外地农业户口	63	9.8%
合计	643	100.0%

调查对象职业类型统计表　　　　　　　　　　　表 6-8

职业类型	有效数据	所占比例
党政机关干部（公务员）	16	2.5%
科教文卫事业单位人员	14	2.2%
社区工作人员	5	0.8%
专业技术和研究人员	13	2.1%
企业负责人和管理人员	24	3.8%
企业一般职工	84	13.2%
商业服务人员	27	4.3%
个体工商户	30	4.7%
离休人员	30	4.7%
退休人员	244	38.5%
自由职业者	77	12.1%
农业劳动者	5	0.8%
失业和半失业	48	7.6%
学生	10	1.6%
其他	7	1.1%
合计	634	100.0%

调查对象在所在地居住年数统计表　　　　　　　表 6-9

分类	分类标准	有效数据	占比
短期	1~7年	155	23.7%
中期	8~17年	205	31.3%
长期	18~35年	294	45.0%
合计		654	100%

6.1.3　居民对院落自治的了解和认可情况

问卷一的数据分析显示，居民对院落自治的具体内容比较了解和非常了解的占比最高，共占61.1%（图6-2）。大多数居民认同院落自治的必要性（表6-10），认为院落自治跟自己的生活有关系（图6-3）。

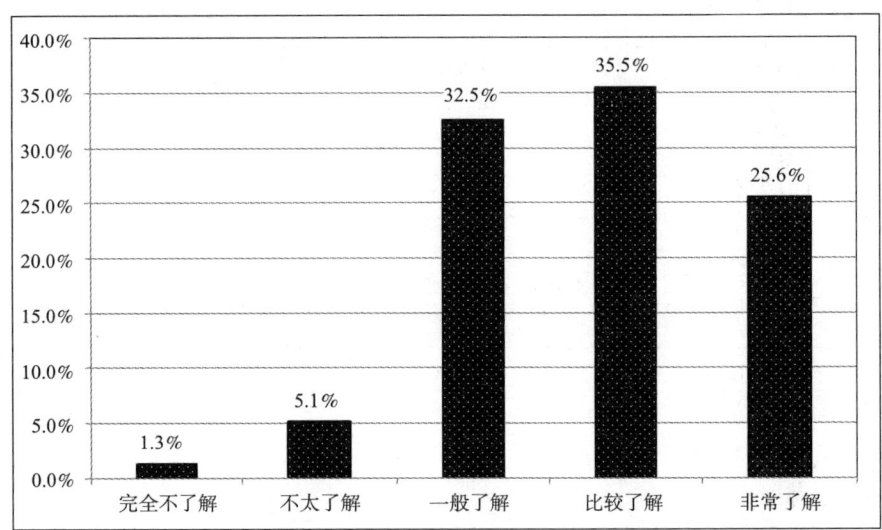

图 6-2 社区居民对院落自治的具体内容了解程度的总体情况分布图
资料来源：问卷一（有效问卷 544 份）

居民对院落自治工作必要性的认同程度　　　　　　　　　　表 6-10

认同程度	所占比例
不认同	3.8%
一般	13.2%
认同	83.1%
平均认同程度	4.35

资料来源：问卷一

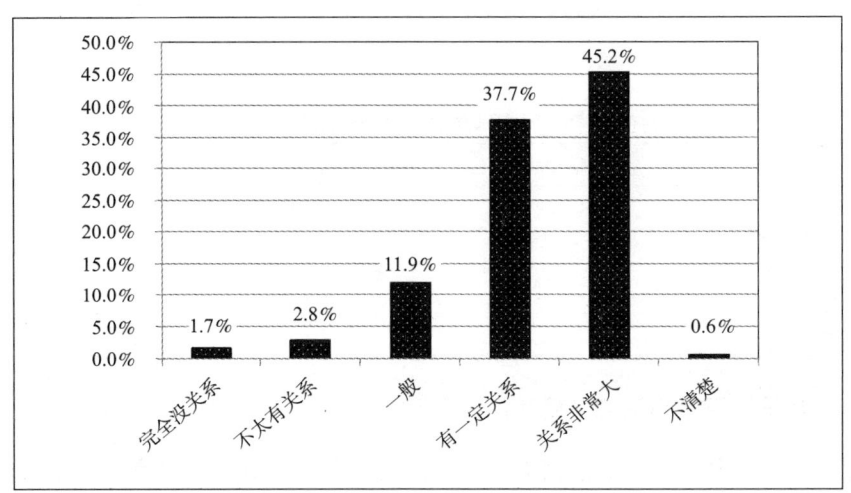

图 6-3 院落自治跟自己生活关系的总体认识情况
资料来源：问卷一

另外，问卷二的调查结果显示，绝大多数"三驾马车"的成员愿意参与院落自治工作，只有极少数人非常不愿意和比较不愿意（图6-4）。

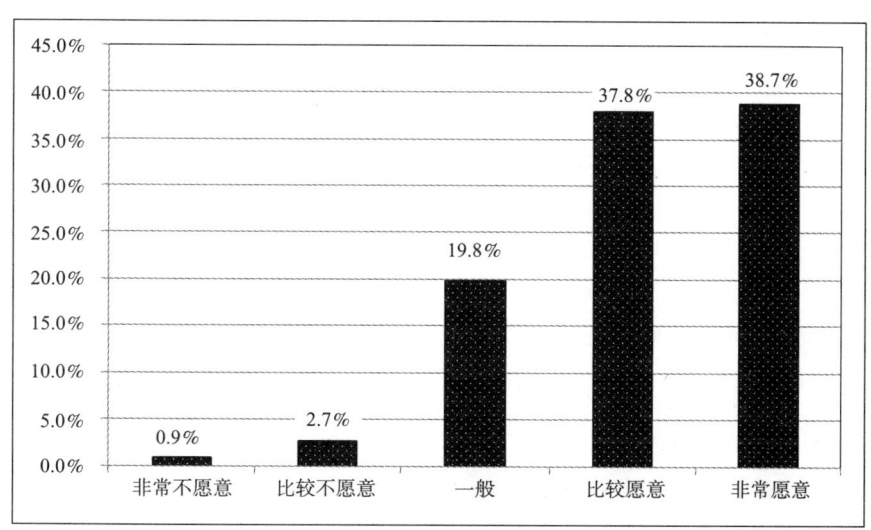

图6-4 "三驾马车"成员调查对象的院落自治工作意愿统计分布直方图
资料来源：问卷二

院落自治工作的实际效果与3年前相比，居民普遍认为院落自治在院落环境、邻里关系、居民安全感和幸福感、院落责任和生活问题的解决方面均取得了令人比较满意的效果。对居民和院委会成员的访谈，显示出院落自治的成效是居民能够看到、感受到的。

大家看到变化了。面貌改造了，停车的问题解决了，自行车也停下了。没改造之前我们这里6个单元，走路都是侧着走，发生过多起把你的电瓶车刮倒了，把他挂到了。我们当时跟王书记说这个事情，这是我们做的第一件事，划定专门存车的区域，停车问题解决了。我们根据社区的意思出台了政策，住户和租户一样对待。第二个，作了一个总量控制，原来我们这个院，最多的时候一个晚上能28辆车，我们算了个账，这面8个，那边6个，14个车位就满足这个院停车的需求。4辆可以临时停放的。因为我们有个理念，空间越大，大家住得越舒服。今年改造的时候还闹了很多的不愉快，你看现在我们那边有个车牌号的告示，我们只认车牌号，14辆车。

——来自对院落居民的访谈

最成功的，有三个是我们最得意的。一是这个院由一个四不像的院终于被社区接受了，当原单位不管你的时候，当我们从社会上来这些居民不想管的时候，当我们社区还没有纳入正常的他那个范围的时候，没人管。这个是第一个感慨的。

第二个呢，这个院有了这么一批热心的，骨干也好，让这个院形成一个服务管理的志愿团队，24个党员，已经成为我们这个骨干，社区施行什么活动，你一打电话就来了，知道说什么、做什么。老百姓也意识到，社区好，我们就好，街道办好，我们就好，这个一点也不假。你看搞了多少事啊！停车棚、旧车棚改造、宣传栏、宣传牌，我们的警卫室改造了。我们尽量，社区要求小事不出院，能自己处理的时候就自己处理。我们能自己处理的问题我们自己处理。

第三的话，就是这个院调解了几个相当成功的案例，说明我们在群众中有影响力了。

——对某院委会主任的访谈记录

2013年8月16日

6.1.4 院落自治的执行情况

本节及下一节的内容，主要根据居民问卷调查结果，进一步分析肖家河街道院落自治实施以来所取得的成效以及存在的问题，以期对今后的工作提出有针对性的建议[①]。

1. 居民对院落自治及其成效总体比较满意

居民对院落自治工作的总体评价，其平均满意度为4.1，说明调查对象对于院落自治工作比较满意。比较满意和非常满意的调查对象最多，共占76.6%，非常不满意和比较不满意所占比例较低，为3.6%（图6-5）。"三驾马车"成员对院落自治工作成效的评价，平均满意度也为4.1。

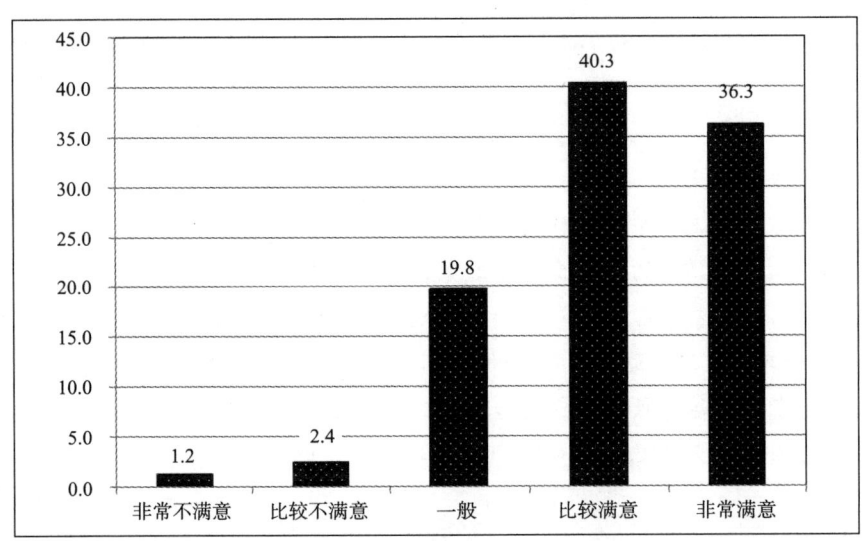

图6-5 社区居民对院落自治工作的总体评价图

资料来源：问卷一

---

① 问卷采取量表的方式进行满意度评价，"1"是"非常不满意"，"2"是"比较不满意"，"3"是"一般满意"，"4"是"比较满意"，"5"是"非常满意"。

院落自治制度建立起来以后，肖家河街道办事处将院落环境改善作为主要工作内容，推进院落自治的落实。从院落居民对院落自治在环境改善方面的评价来看，居民总体平均满意度为3.8，特别是垃圾清理、雨污水排放和社会治安这几个方面，都是街道通过院落自治而着重改善的地方，得到了居民的高度评价（均值都为4.1）。但是在停车场地、噪音、空气质量、绿地与公园、体育运动设施和幼儿园等6个方面的满意程度低于总体平均值，这些评价与我们在实地考察调研时的感受是一致的。这也是以后的院落自治工作需要着重加强的地方（图6-6）。

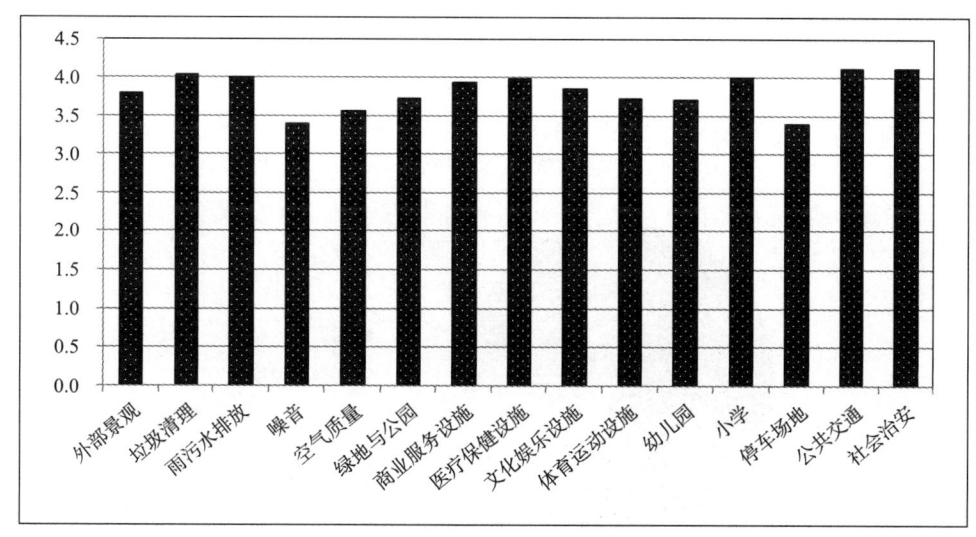

图6-6　居民对院落环境改善的满意度均值分析
资料来源：问卷一

2. 制度建设深入人心，"三驾马车"发挥了实效

院落自治制度的核心是"三驾马车"，成员来自于院落居民，代表居民行使自治权利。调查结果显示，大部分居民对院落自治制度有不同程度的了解（图6-2），认为"三驾马车"制度对院落自治的成效影响显著（图6-7）。对"三驾马车"成员的问卷调查也显示，认为院落居民自治委员会发挥作用最大的占比最多，其次为院落党支部，最后为院落议事会（图6-8），说明院落居民自治委员会代表了广泛的民意。

更重要的是，这项工作虽由基层政府推动，但问卷调查结果显示，居民认为自己身边的组织与居民自身在院落自治的实施过程中发挥的作用比较大（图6-9），而且对于"院落自治实施不理想的主要原因"这个问题，居民主要归咎于"居民缺乏自治意识，素质差"和"过去积累的问题太多，短时期难以解决"这两点（表6-11）。这一结果说明院落自治组织真正在院落自治过程中发挥了作用，居民在这个过程中也充分认识到了自治的意义，那就是院落自治是与自己有关的事情，而不是政府应该管的事情。

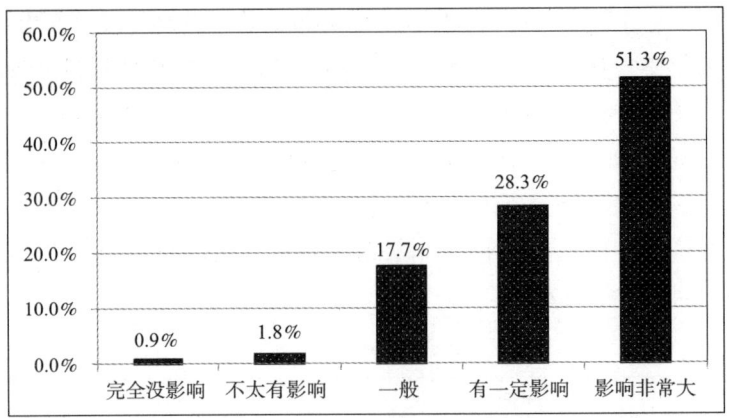

图 6-7 "三驾马车"体系对院落自治的影响程度的总体分析
资料来源：问卷二（有效问卷 113 份）

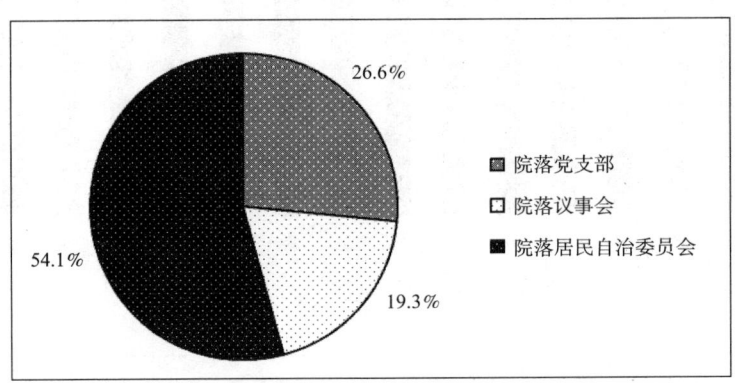

图 6-8 "三驾马车"成员对院落自治中"三驾马车"发挥作用最大的组织的认识情况分析
资料来源：问卷二（有效问卷 109 份）

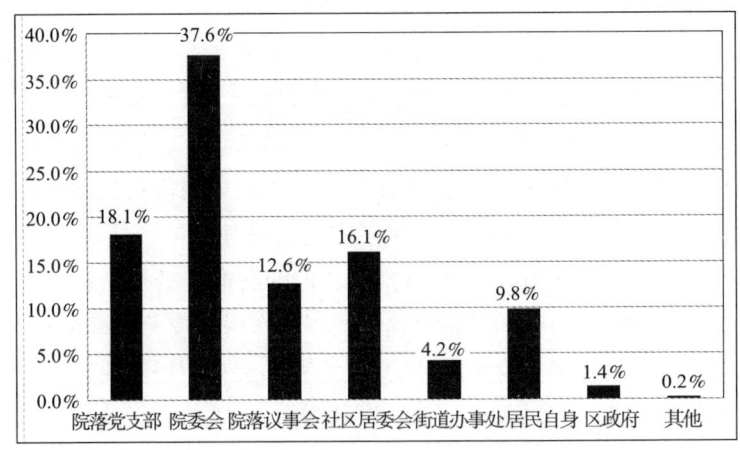

图 6-9 居民对院落自治中发挥作用最大的组织的认识情况分析
资料来源：问卷一

院落自治实施不理想主要原因统计表　　　　　　　表 6-11

主要原因	有效数据	所占比例
居民缺乏自治意识，素质差	393	27.6%
过去积累的问题太多，短时期内难以解决	362	25.4%
社区居委会工作不到位	123	8.6%
"三驾马车"的组织动员能力不足	108	7.6%
"三驾马车"成员构成不合理，缺少能人	111	7.8%
街道工作不到位	77	5.4%
区政府的干预太少，投入不到位	90	6.3%
群众组织（如书法协会、秧歌队）不活跃	85	6.0%
居民说了不算	73	5.1%
其他	4	0.3%
合计	1426	100.0%

社区选举制度能够扩大基层民主的广度、深度和范围，体现社区自治的发展要求（毛满长，2008）。社区选举不但能够充分发挥民主的重要性，提高居民参与社区自治的主动性和积极性，还能够使得社区公共事务的治理得到居民的支持和配合，减少社区治理过程中的障碍。从本案例来看，肖家河街道院落自治"三驾马车"体系的成员加入组织主要采用的是公开竞选、群众推荐等比较民主的方式（图 6-10），较好地体现了社区自治的特点。这也是院落自治得到居民认可的重要原因。

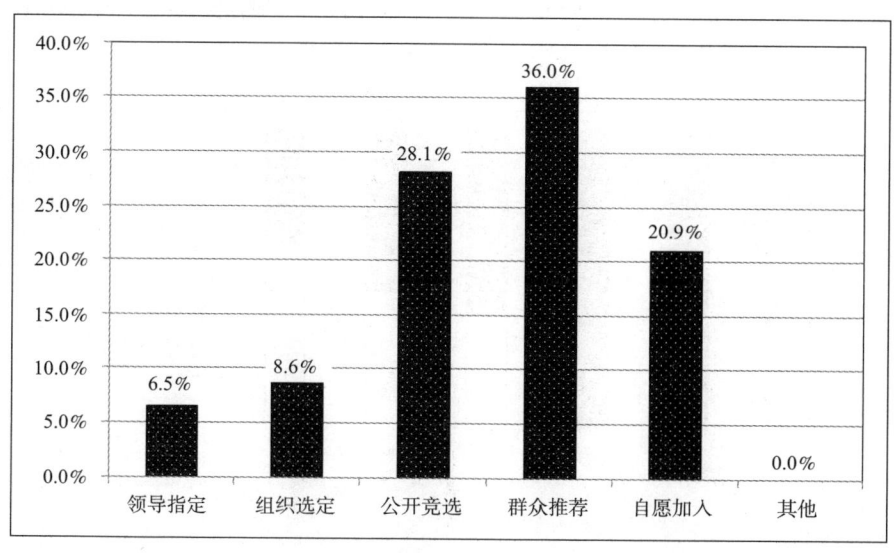

图 6-10　"三驾马车"成员调查对象进入所在组织方式统计分布直方图
资料来源：问卷二（有效问卷 109 份）

3. 党员发挥了模范带头作用

肖家河街道针对辖区特点，以院落作为居民自治的基本单元，以院落党支部为核心，加强居民自治的组织建设、制度建设和运行机制建设。"三驾马车"的产生，首先由居住在院落内的党员（含本社区在籍党员、单位党员、外来租房党员）进行民主选举产生党支部书记或党小组长，然后在院落党支部的动员和领导监督下，院落居民按照一户一票制民主选举出院落议事会和院委会。可以说，院落党支部和基层党员是院落自治的发动机，要在院落自治工作推进过程中，发挥模范带头作用。问卷调查显示，无论是在对院落自治的认识上、工作意愿上，还是花费在院落自治工作的时间上以及对工作的回报认可上，党员在这项工作中确实起到了模范带头作用（图6-11～图6-14）。

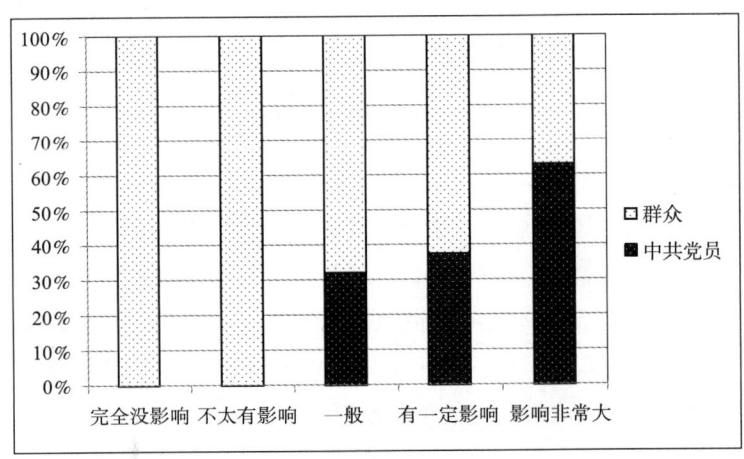

图 6-11 不同政治面貌的调查对象对"三驾马车"对院落自治的影响的看法统计分布直方图
资料来源：问卷二（有效问卷103份）

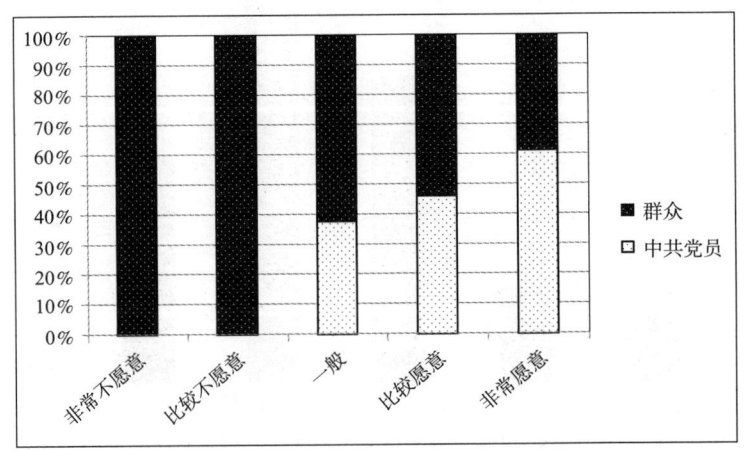

图 6-12 不同政治面貌的调查对象的院落自治工作意愿统计分布直方图
资料来源：问卷二（有效问卷102份）

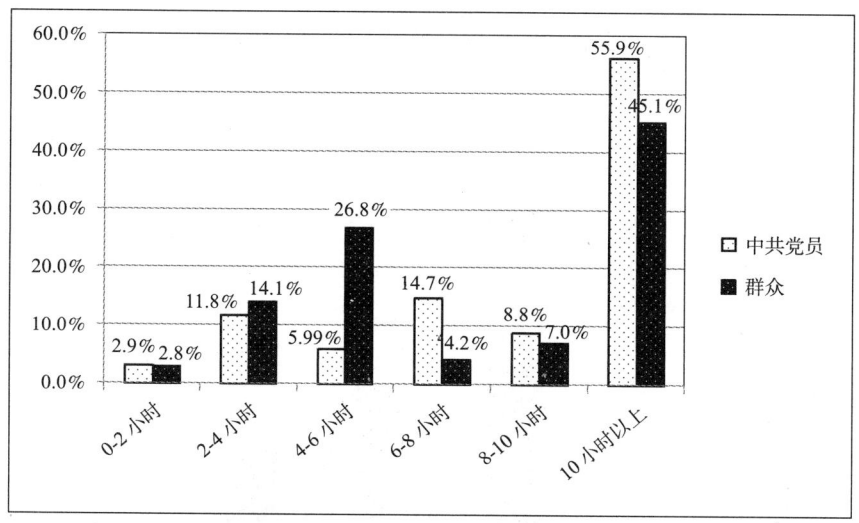

图6-13 "三驾马车"成员调查对象的政治面貌与院落自治工作时间的关系统计分布直方图
资料来源：问卷二（有效问卷115份）

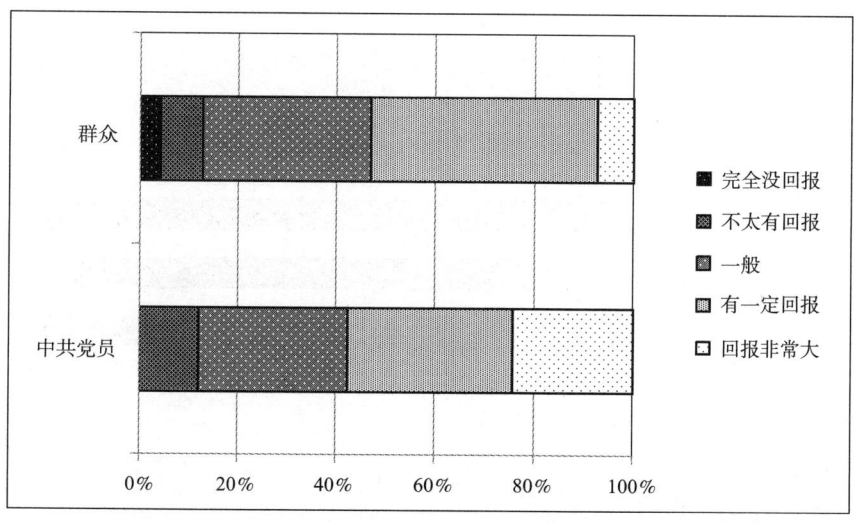

图6-14 调查对象的政治面貌与加入"三驾马车"回报程度的关系统计分布直方图
资料来源：问卷二（有效问卷103份）

6.1.5 发现的问题

虽然制度设计得到了执行，并取得了成效，但院落自治在执行过程中也暴露出了一些问题，需要引起注意。

1. 居民参与存在年龄、户籍差异，总体来说不高

居民的参与情况是考察院落自治是否真正开展的基本指标，恰恰在这个方面，还没有呈现出令人满意的结果。通过问卷调查数据分析可知，经常参加和大部分参加以及每

次都参加活动的比例之和在老年人中最高,中年人次之,青壮年最低。从不参加和偶尔参加活动的比例之和与前者有着相反的趋势(图6-15、图6-16)。

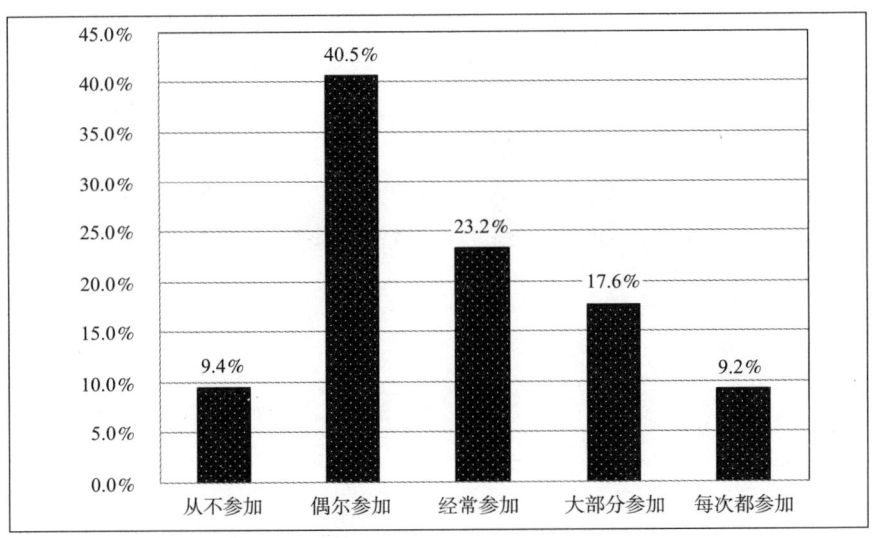

图6-15　居民参加院委会组织活动的情况
资料来源:问卷一(有效问卷607份)

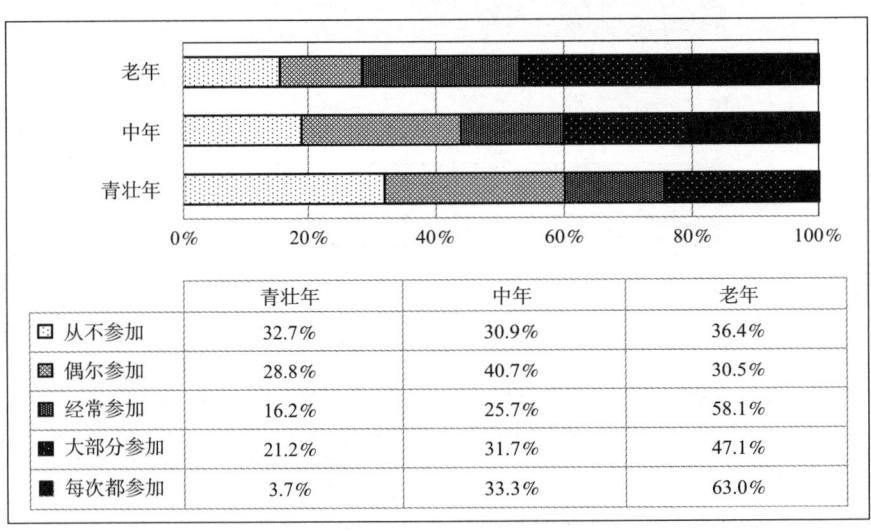

	青壮年	中年	老年
从不参加	32.7%	30.9%	36.4%
偶尔参加	28.8%	40.7%	30.5%
经常参加	16.2%	25.7%	58.1%
大部分参加	21.2%	31.7%	47.1%
每次都参加	3.7%	33.3%	63.0%

图6-16　不同年龄的调查对象参加院委会组织活动的情况分布图
资料来源:问卷二

居民参加活动少,导致社会网络的建立不尽如人意,也就是说,社会资本的培育效果应该还没有显现出来。根据对调查问卷的分析可知,居民认识邻居的数量区别很大。在所有的调查对象中,大部分认识和全部都认识的虽然达到了49.1%,但是基本不认识和认识几个邻居的调查对象占比仍然达23.4%。从不同年龄的调查对象认识邻居的情况来看，年龄越大，认识的邻居越多，但是青壮年认识邻居的情况堪忧，这说明加强不同年龄段的居民之间的互动，打破不同年龄段之间的冷漠仍很迫切（图6-17）。从不同收入的调查对象认识邻居的情况来看，收入越高的居民认识的邻居越少，收入越少的居民认识的邻居越多，说明促进不同收入之间的互动是提高院落自治效果的一个重要方面（图6-18）。从不同受教育程度的调查对象来看，受教育程度越高，认识的邻居越少，受教育程度越低，其认识的邻居越多（图6-19）。

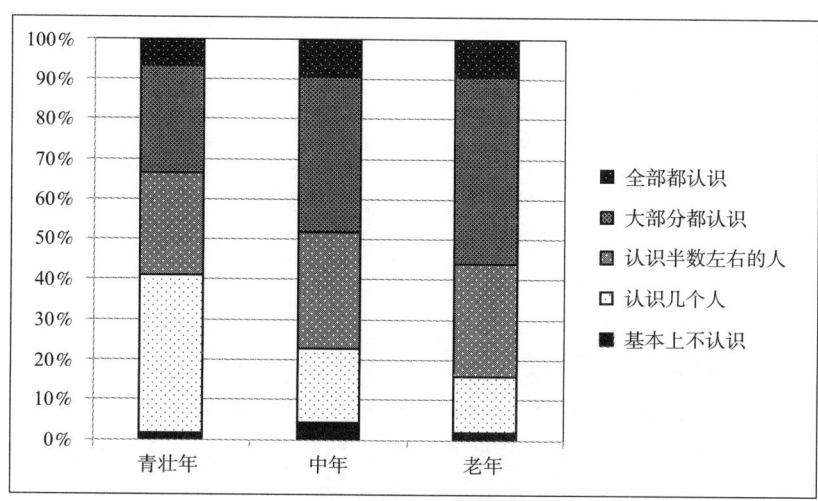

图 6-17 认识邻居状况与年龄分类

资料来源：问卷一（有效问卷 609 份）

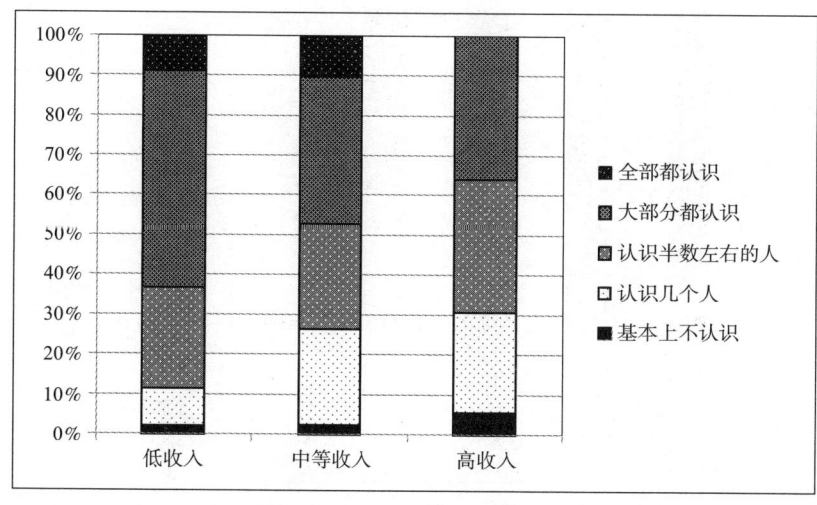

图 6-18 认识邻居状况与收入分类

资料来源：问卷一（有效问卷 615 份）

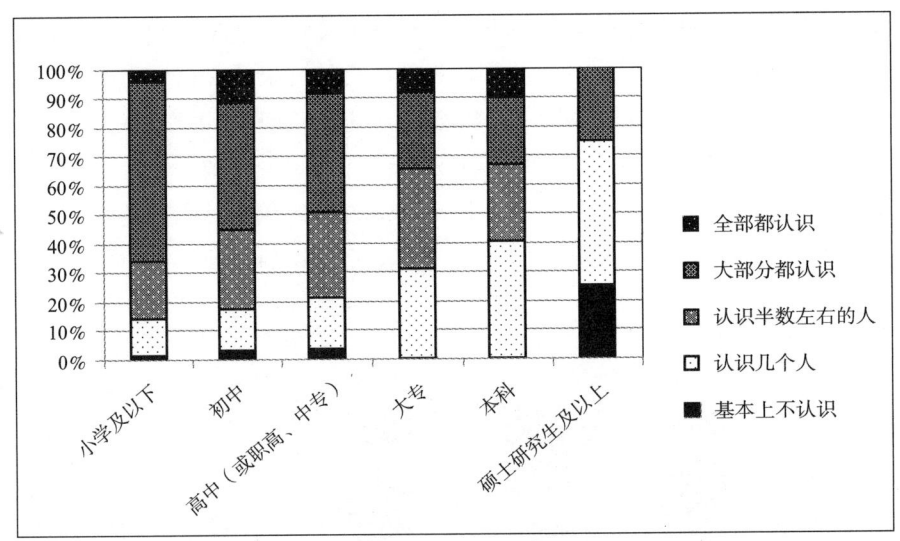

图 6-19 认识邻居状况与受教育程度
资料来源：问卷一（有效问卷 626 份）

2. 外来人口融入社区有待提高

以产业发展为首要目标的高新区，由于对劳动力的大量需求，常住居民中有大量外地人。对不同户口类型的调查对象认识邻居的情况进行分析发现，总的说来，本地居民对邻居的认识程度高于外地居民，本地农转非和农业户口的调查对象认识的邻居多于本地非农业户口和外地非农业户口的调查对象（图 6-20）。

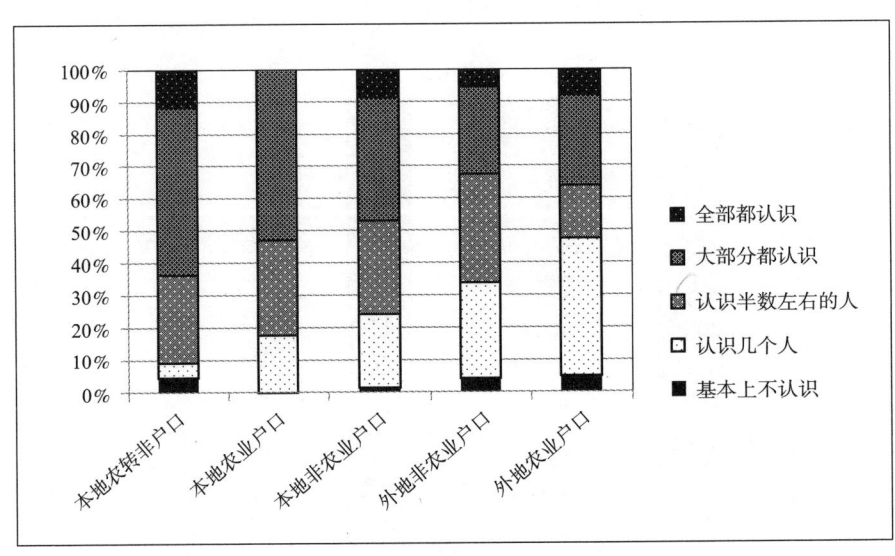

图 6-20 认识邻居情况与户口类型
资料来源：问卷一（有效问卷 622 份）

通过以上数据分析可知，如何打破不同年龄、收入、受教育程度和户口类型的调查对象之间的互动隔膜是高新区院落自治需要解决的问题。

3. "三驾马车"成员的构成结构亟待改善

院落自治"三驾马车"成员多为年龄偏大、学历水平偏低的离退休女性居民，结构单一，缺少代表性（图6-21、图6-22）。

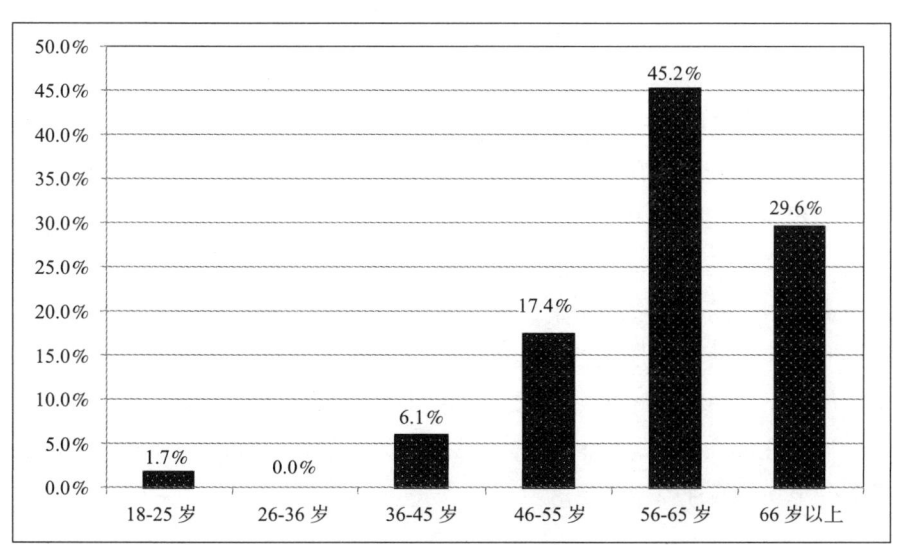

图6-21 "三驾马车"成员调查对象年龄分布直方图

资料来源：问卷二（有效问卷115份）

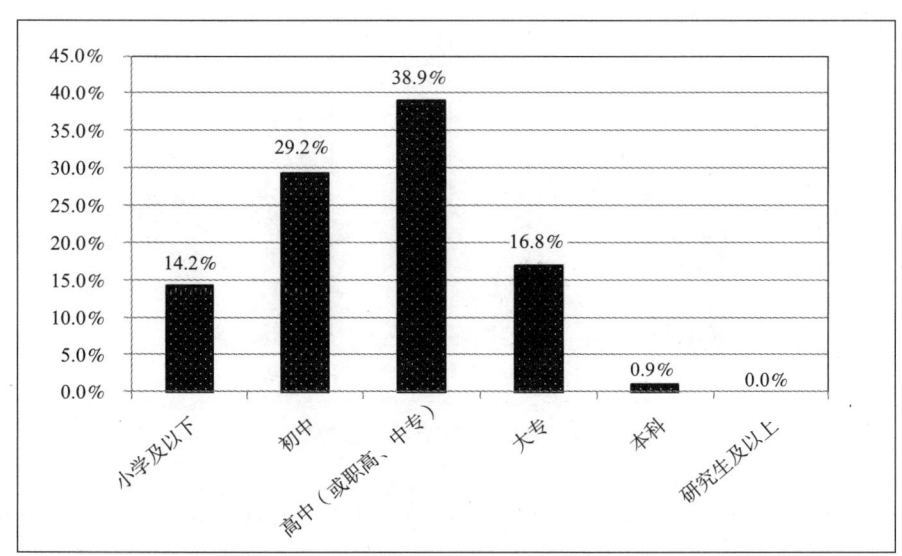

图6-22 调查对象受教育程度分布直方图

资料来源：问卷二（有效问卷113份）

6.2 院落自治的目标：积极推动居民参与

在政府、居民和社会组织共同组成的社区治理结构中，目前居民是相对弱势的一方，在各方能力不匹配的情况下，是不可能实现政府、居民和社会组织良性互动的社区治理目标的。真正的居民自治必须由有一定素质和自治能力的居民来承担，否则社区治理只会重复以往自上而下的实施路径。因此，社区治理中居民自治的基本目标是居民的能力建设。

此处"能力建设"中的能力，是指居民实质性参与社区公共事务的能力，进行自我管理的能力。这一目标的实现，需要依托院落自治已有的基础，进一步动员居民参与，推动居民自治向纵深发展，建立社区发展的可持续动力机制是今后院落自治的工作重心。

社会资本是社区发展中所有能力建设的基础。社区层面的社会资本可以直接影响个人生活，比如提供情感支持和工具支持。其次，社会资本可以促成集体行动，从而真正实现居民自治。所以，在院落自治成效较好的地方，通常居民的社会资本较高。这一点在肖家河街道的居民问卷调查结果中也展现出来了（图6-23）。从图中数值分析可知，城市拆迁院落和单位院落中的居民的社会资本均值相近，均为4.2；而农转非院落中居民的社会资本均值低于前两者，为4.0。需要注意的是，在农转非院落中，社会资本比较低和非常低所占比重之和高于其他两种类型的院落。后面的数据分析也显示，农转非院落的自治效果要逊于其他两种类型的院落。

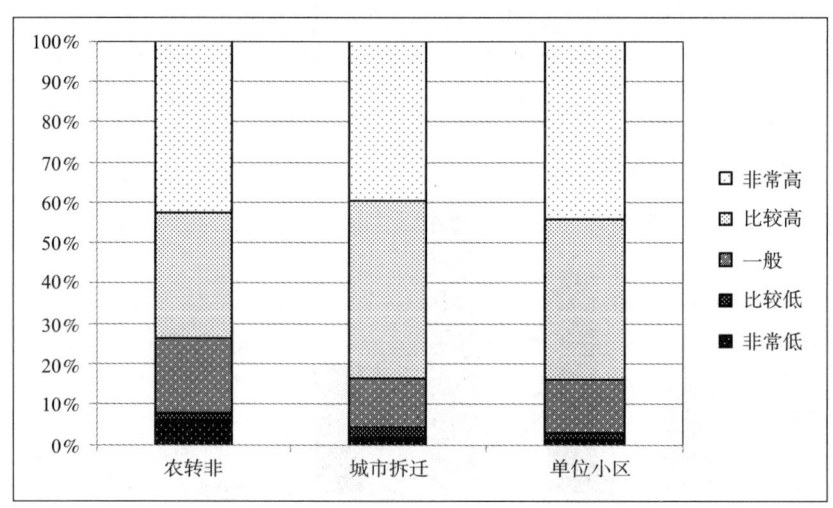

图6-23 社会资本在不同性质的院落中的差异分析

提升社区社会资本的基本途径就是居民参与，从提供各种活动促进居民邻里交往开始，尽可能增加居民互动的机会，在这个过程中培养居民的社区意识。社区意识是指居住于某一社区的人，对于本社区及其邻里有一种心理上的认同与融合，此即所谓的归属，亦为社区情感。社区意识与社区参与概念有着很强的关联，也就是说，居民参与的程度越高，对社区的归属感与认同感越高，反之亦然，当居民对自己所居住的院落具有较强的认同感和归属感时，才可能发生更深层次的居民参与，如自治组织的成立，最终实现真正的居民自治。

决定地区是否有效运作的重要因素是结社生活是否有活力及在这个区域里陌生人之间的信任程度，进而影响经济表现（David Halpern，2008）。这就是社会资本，也是人们日常生活中最重要的东西，包括邻里间的善意、伙伴关系、相互同情和社会交往。如果个人与其邻居不断接触，相互交往，就会产生社会资本的积累，这些社会资本可以直接满足个人的需要，并且具有社会潜力，足以使整个社区的生活状况得到实质性提高。社区作为一个整体，将受益于其所有成员的合作，个人也会在其社区中发现互助、同情和与邻居友谊的益处。

6.3 推动院落自治的实施措施

家庭之外就是社区。社区参与要从参与身边的小事入手，公民意识的培养也要从关心自己身边的事、参与社区事务开始。所以，采取相应的措施动员居民参与，是进行能力建设的基本途径。

6.3.1 差别化的政策设计

针对不同的院落性质，宜建立差别化的院落自治政策。

首先，高新区的各个街道中，由于历史原因（拆迁安置政策）以及市场选择和单位制度的存在，不同院落的居民属性本身存在差别。以肖家河街道为例，根据居民的主要属性，肖家河街道的院落可以分为四种类型，分别是城市社区、单位社区、农转非社区、商品房社区[①]，不同性质院落居民的社会经济属性存在较大差别（图6-24）。

其次，居民属性上的差别，导致了他们对院落自治的认识以及院落自治的实施效果的差别。调查结果显示，农转非院落的调查对象认为区政府发挥的作用最大，其次是院落党支部，而城市拆迁院落的调查对象倾向于认为院委会发挥的作用最大，单位小区院落的调查对象倾向于认为院落议事会发挥的作用最大，说明后两者更多地依赖于院落自治的"三驾马车"本身，而农转非居民为主的院落倾向于依赖上级政府和党组织，且对院落自治实施效果不满意的比例也最高（图6-25、图6-26）。

---

① 因为院落自治没有在商品房小区中推行，所以这类社区没有列入调研对象。

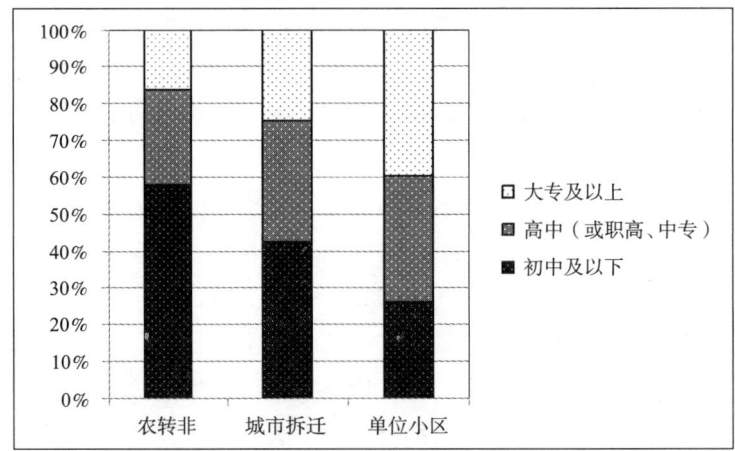

图 6-24 不同性质院落的居民受教育程度分布图

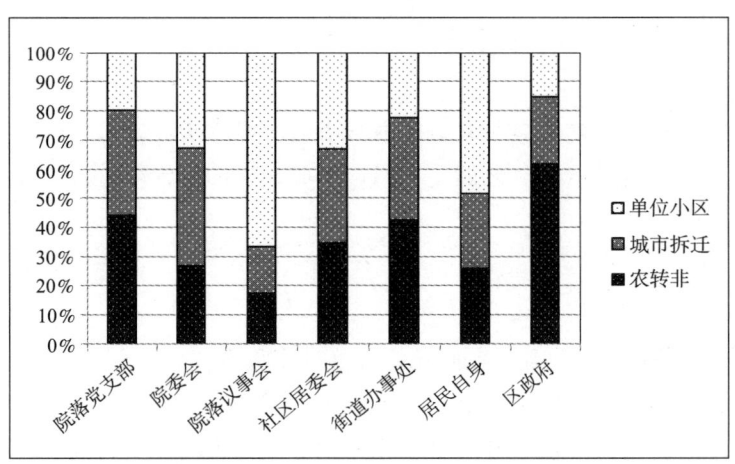

图 6-25 不同性质的社区的居民对院落自治工作中发挥作用最大的组织的认识情况分析

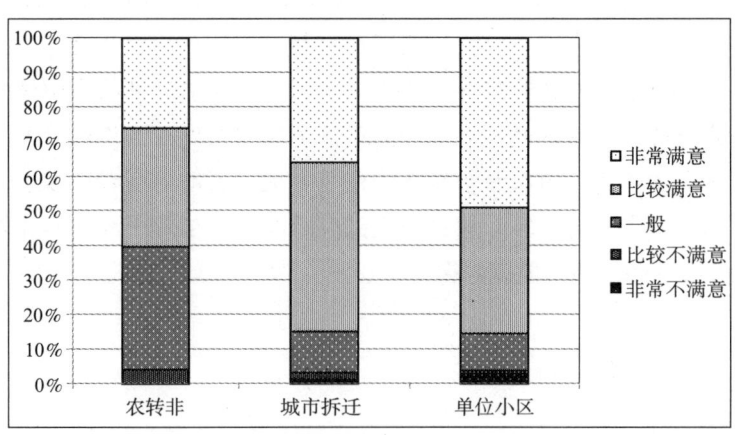

图 6-26 不同性质的社区对院落自治的总体评价分析

第三，不同院落的环境质量客观上存在差别，需要区别对待，不同社区的居民对院落环境改善之后的感受也不一样，或者说，不同社区居民关注的环境治理内容不一样（表6-12）。

不同性质社区居民对院落环境改善方面满意度分析表 表6-12

	农转非	城市拆迁	单位小区	总体平均满意度
垃圾清理	3.9	4.0	4.3	4.1
雨污水排放	3.9	4.0	4.2	4.0
噪音	3.3	3.4	3.6	3.4
幼儿园	4.0	3.5	3.6	3.7

鉴于上述原因，我们建议根据不同院落的特点和问题，分别采取相应的措施（表6-13）。

对不同院落所采取的不同措施建议 表6-13

院落性质	主要特点	主要问题	制度建设侧重点
旧城拆迁院落	以旧城拆迁安置居民为主，长期在城市生活，具有较强的市民意识，且居民彼此熟悉，较易实现自治。	热心居民老龄化现象比较突出。随着居民的搬离，要防止"杂化"现象的发生。	引导：因为具有较好的市民意识，自治只需加以引导。
农转非院落	以高新区内原住民拆迁安置为主，典型的农民上楼后形成的院落，虽然农转非已经将近20年，但老一代居民还保留着较多的传统观念，由过去的血缘关系形成的社区转化而来，居民之间关系密切，有利于集体行动的形成。	市民意识较为缺乏，表现为没有公共领域概念，没有现代民主意识，只知权利，不知义务。	培植：观念的改变是最需要花费时间的。充分利用传统邻里社区的要素，此外，更多地关注新一代在城市出生、成长的居民的社区意识的培养和自治观念的灌输。
单位院落	单位家属院。单位社区是计划经济体制下企业办社会的产物，居民职业构成单一，存在生产和生活角色重合现象。	单位地位高、效益好的居民院落，由单位负责一切院落管理事务，但容易封闭、孤立，与其他院落格格不入。原单位已经破产或转制的院落，居民多数境况不佳，随着部分居民的搬离，要防止院落的"滤下"现象。	沟通：创造机会，加强单位院落居民与其他居民的横向联系。扶持：对于真正的弱势群体，政府必须提供必要的服务，满足其基本生活需要。
商品房院落	住房制度改革后，以房地产开发为主体形成的院落。居民通过市场获得房屋所有权，具有较强的维权意识，通常由业主委员会和物业公司负责院落公共事务。	大部分业主委员会的工作并不成熟；物业公司作为企业，其利益导向本质可能会与业主发生矛盾；业主本身的社会经济属性可能会导致对院落自治完全不感兴趣。	授权：给业主委员会和物业公司的发展以宽松的空间，秉承可以由市场解决的问题，政府不加干预的原则。但在损害居民利益和社区公共事务的事情出现时，政府不能袖手旁观。

其实，差别化的制度建设本质上是以人为本的制度建设，其核心是考虑不同人群的特点和需要，采取不同的应对策略。其中最关键的是，政府要明确：①社区发展的目标是实现共同发展，因而在此过程中，最应该得到帮助的是相对弱势的群体；②社区发展不等同于福利性的救济活动，而是要想办法发挥居民自身的能力，让他们在社区发展过程中既受益又受教育。

6.3.2 实施小规模的院落自治

社会资本在规模小的人群或者单位更容易形成，原因是这些地方或单位拥有更多的面对面的交往，更容易建立有效的人际关系，增进相互的了解和熟知（图6-27）。社区社会资本的培育应当从人们有关系的地方开始，还应当多创建公共空间，举办公共活动，提供给人们更多接触的场所和机会，以便人们相识、熟悉和交往。此外，根据集体行动理论，人群规模越小，越容易形成集体行动。相反，规模越大，越容易导致大量的搭便车行为，对个体的实质性参与产生负面影响，并最终导致集体行动的失败。

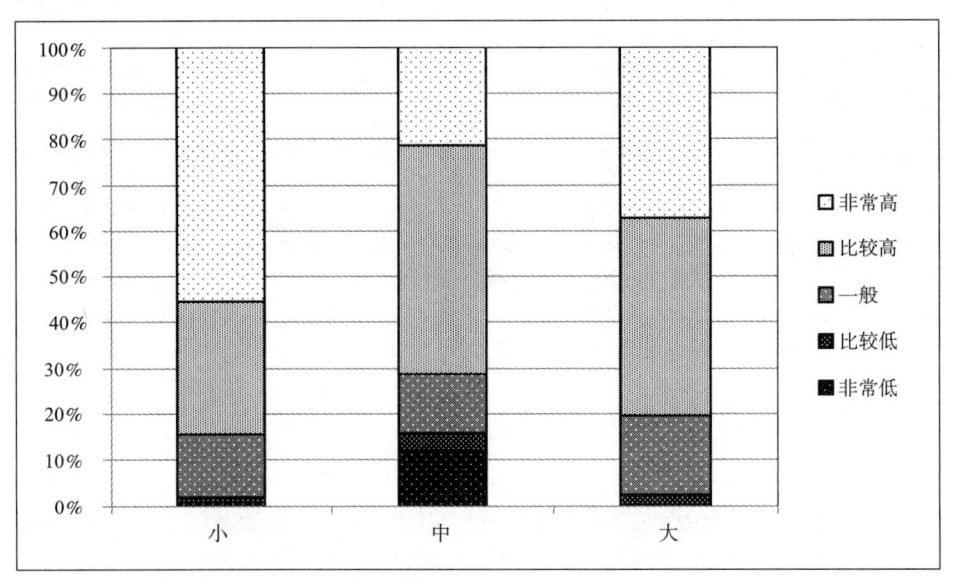

图6-27　社会资本在不同规模的院落中的差异
资料来源：问卷二（有效问卷113份）

院落自治作为一种居民参与社区公共事务治理的途径，如果想要得到较好的结果，控制院落的规模是一个相对容易成功的方式。问卷调查的分析结果也显示，院落规模确实影响院落自治的实施效果。基本上，小规模院落的自治效果较好，表现为小规模院落居民区对院落自治工作的必要性的认可程度高于大、中规模院落居民，对院落自治工作成效的评价也高于大、中规模院落（图6-28）。由于院落自治工作较易开展，以院落环境改善为主要内容的自治工作效果显著。从问卷调查结果来看，小规模院落的居民对院落自治环境改善方面的 15 个分指标的满意程度均高于大规模院落和中等规模院落的平均值（表 6-14）。

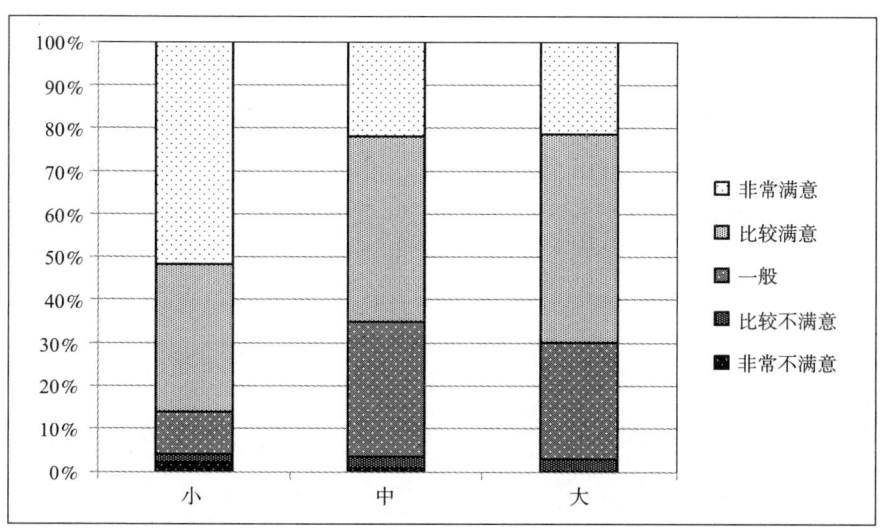

图 6-28　不同规模的院落对自治的总体评价分析图

不同规模院落居民对院落自治环境改善方面的满意度分析表　　　　　　表 6-14

	小	中	大	总体平均满意度
外部景观	4.0	3.5	3.7	3.8
垃圾清理	4.3	3.9	3.7	4.0
雨污水排放	4.3	3.8	3.7	4.0
噪音	3.7	3.3	3.1	3.4
空气质量	3.8	3.3	3.4	3.6
绿地与公园	3.9	3.6	3.5	3.7
商业服务设施	4.1	3.8	3.7	3.9
医疗保健设施	4.1	3.9	3.8	4.0
文化娱乐设施	4.1	3.7	3.6	3.8
体育运动设施	3.8	3.7	3.5	3.7
小学	4.0	4.0	3.9	4.0
幼儿园	3.7	3.6	3.7	3.7
停车场地	3.7	3.3	3.0	3.4
公共交通	4.2	4.0	4.0	4.1
社会治安	4.2	4.1	3.9	4.1

此外，还可以发现小型院落的居民对环境的感觉比以前好，且安全感与幸福感都比大型院落高，因此，建议今后的发展趋势是倡导社区小型化，对于大规模的院落可以进行进一步的划分，以100户左右的规模为宜。划分时，要考虑居民党员、积极分子的分布情况，保证每个基层院落都有院落自治核心的合适人选。

院落划分标准是：

（1）居民同质：尽量将具有相同社会经济属性的居民作为一个自治单元内的居民，因为他们的价值观相似，生活方式和观念相同，比较容易沟通，在处理公共事务时容易达成共识。

（2）领域明确：在大院落进行二次划分时，要将居民所共有的空间领域进行明确，可以通过道路、地面铺装、绿化等方式，予以界定，防止引发领域之争。

（3）院落独特：每个院落应有自己独立的公共空间，在外观上具有明显的标识，有利于培养居民的认同感。

（4）共享空间：各院落彼此并不完全隔离，相反，要设置必要的公共设施，促进居民之间的社会交往。

（5）培养领袖：有一个优秀的领袖，有能力把大家召集起来，愿意接受不同意见，愿意分享权力。

6.3.3 培养社区领袖，发挥"能人"作用

院落自治不仅需要完善的组织架构，在具体落实的时候，更需要有处理社区公共事务能力较强的"能人"，也就是所谓的社区领袖。如何在"三驾马车"组织中培养处理各种居民日常复杂事务和纠纷的"能人"，是院落自治工作需要考虑的问题。经过近年来的院落自治实践，也令居委会工作人员深刻地认识到了领袖人物的重要性。对于哪些因素对院落自治的影响最重要这个问题，在院落规模、居民素质、领袖式人物、恰当的工作方式、政府支持这5个选项中，不论是院委会主任还是社区居委会的书记，都把"能人"放在第一位，但同时也表示"能人"不好找。

访谈记录

李老师：您觉得有哪些因素是最重要的？一是院落规模，有的太大，之前听说了规模太大，把居民弄起来很难，您这个规模很小，很容易把居民动员起来。第二个就是群众的素质，他原来素质很好，理解了居民自治的含义，能积极地参与。第三个就是领袖式的人物，这个领袖人物的能力很重要。第四个就是恰当的工作方式，这件事情正着做做不来，您就得迂回着想办法去做，但您把它解决了就是最终的结果。第五是上级政府的支持。王书记，这几条要您排个序的话，您觉得最重要的是什么？然后往下排。

社区居委会王书记：最重要的是组织的这帮人，然后上级的支持排在第二，居民素质排在第三，然后工作方式、工作力度啊。那院落规模其实不是很关键的。

社区居委会王书记：我们也很苦恼。没有院委会合适的人，找到合适的人，我们的工作量就减轻了很多。以前居民有什么事情就找我们，现在有了"三驾马车"组织，能为他们办事的人离他们更近。

院委会樊主任：只要有"能人"，也能管理好。

社区居委会王书记：要有"能人"。

院委会樊主任：这个"能人"确实不好找。

社区居委会王书记：这种能力需要我们培养。公民意识的建立也要培养。我们必须要培养。他们这个院落的状况，我认为是比较好的，应该是我们社区最好的。肖家河我不敢说。本身他们有这个认识，跟居民传递的就是这种认识。有些院，到现在，还认为他们是为社区做事。我们主任书记没有住在这个社区，搞得再好，我们也享受不到，哪是为我们做事，本来也是这个道理，你说对不对？

——院落访谈记录

2013年8月16日

图6-29 社区访谈现场

1. 什么是社区领袖？

社区领袖是指在社区发展中自发形成（有的经过培育），能满足和反映社区群众的需求，影响社区思想、生活趋势的社区人物。社区领袖具有某些方面的专长或能力，愿意为社区公共事务无偿出谋出力，能够获得社区群众的支持和信赖，有热心，有能力，有志愿者精神。

2. 哪些人群中容易出现"能人"？

离退休干部、教师、军人、党员等。如果居民在自己所从事的行业中从事过领导工作，或者是所谓精英人物的话，在社区公共事务中通常也会发挥重要作用。

3. 如何培养社区领袖？

发现人才是最困难的事情，为此需要建立人才发现与培养机制，基层政府需要做好以下工作：

（1）搭建平台，通过开展各种社区活动，创造条件让各类有专长、有能力的人浮出水面，也为居民提供互相交流与学习的平台。

（2）多元管理，为社区领袖创造良好的生长环境。发挥社区社会组织、基层党组织等不同管理主体的力量，开辟多种渠道发现和培养人才。如果仅依赖政府一方采取自上而下的选拔人才的方式，可能会引发居民的排斥心理。

（3）适当培训，提升社区领袖的素质与水平，包括区内交流和向其他社区学习优秀经验。

（4）沟通疏导，及时解决社区领袖遇到的各种难题。

6.3.4 加大宣传，居民参与从孩子抓起

问卷调查显示，居民参与院落活动的频率不高，尤其是年轻人的参与程度不高。年轻人对社区事务的冷漠是全球社区发展面临的挑战。解决方法之一是从小培养他们的社区意识，实施措施包括与学校的义务教育相结合，特别是与驻地小学加强联系，在义务教育阶段设置专门的社区活动环节，要求学生在节假日完成一定学时数的社区义工工作等。

不仅对年轻人和小孩，让所有居民都充分认识到院落自治的现实意义，是很重要的。对问卷调查的进一步分析显示，对院落自治具体内容比较了解的调查对象对院委会组织的活动参加的次数也比较多，同时，这些人对院落自治工作的评价也较为满意（图6-30、图6-31）。可见，进一步加强宣传教育工作，让居民充分认识到自治的必要性以及对自身的益处，对于推动院落自治的深入开展也是非常重要的工作。宣传形式可以多种多样。

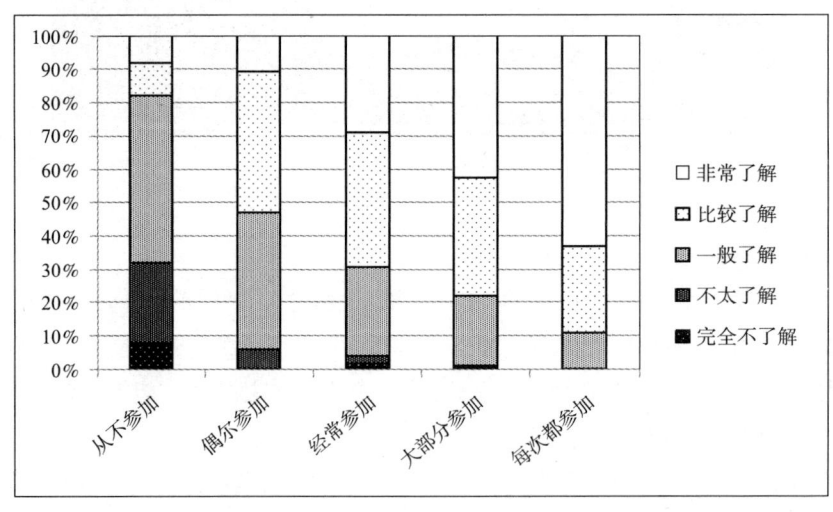

图6-30 居民对院落自治具体内容的了解与参加院委会活动之间的关系

6 培养能力：居民自治是实现社区治理的基石

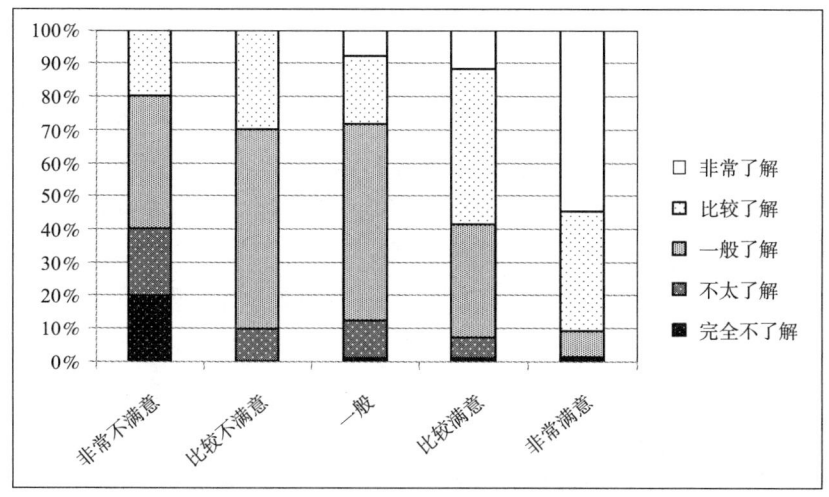

图 6-31　居民对院落自治具体内容的了解与院落自治满意度之间的关系

6.3.5　搭建平台，鼓励外来人口融入社区

成都高新区外来人口占有相当的比例，并且增长速度较快。外来人口与本地社区居民的融合，既是新型城镇化中的生态问题，也是高新区实现社区治理目标的难点之一。如果不能很好地融合，将会给社会带来不稳定隐患，进而影响区域的社会经济发展。

在对待外来人口的态度方面，成都本身有较好的文化背景，表现为一种对外来人口的包容态度，也就是俗话说的不排外。但落实到社区层面，特别是外来人口占到多数的高新区，还需要有针对性地培养外来人口对所在社区的归属感和认同感，增强其参与社区公共事务的愿望，并付诸行动。具体措施包括：

（1）根据不同院落外来人口的比重，在"三驾马车"的选举中，确定一定比例的外来人口数量，从制度上保障外来人口的基本民主权利。

（2）街道、社区和院落都要举办各种形式的活动，促进不同收入水平、教育背景、职业类型等的居民之间的互动，增强彼此之间的信任，通过社会资本的作用提高居民的社会经济地位，提升社区的整体水平。

6.3.6　立足院落环境质量改善，鼓励开展社区营造活动

院落的环境质量，如空气、绿化、雨污水排放、基础设施的建设等和居民的日常生活息息相关。不论是社区现状，还是从调查对象对社区近三年来环境改善方面的满意度分析来看，肖家河的诸多院落在垃圾清理、噪音、空气质量、停车场地方面还存在着很多问题。在调研中，很多居民也反映，存在住宅楼外墙皮剥落、雨水管破裂、停车场地不够、停车秩序混乱、老幼活动场地不足等问题。即便在已经实施了院落环境改造的地方，居民也提出了新的要求，如希望对出入小区的摊贩、院落里的营业门店加以规范管

理，不要影响居民的正常作息等。随着生活水平的提高，居民对环境质量的要求必然会不断提高，因此，在院落环境质量改善方面，既有量上的拓展空间，也有质上的提升空间，近期依然可以作为基层政府推动院落自治的有力抓手。在今后的院落环境质量改善活动中，可以结合社区营造的基本原则，在自治组织已经建立起来的院落中，进一步加强居民的社区意识，推动院落居民自治更加广泛和深入地开展。院落环境质量改造在社区营造理念的指导下，意味着：

（1）改变观念：从简单的物质环境改造，到注重物质和精神两方面的社区营造。所谓社区营造，是指以共同议事、自律自治为组织方式，成员通过社区网络关系的互动而产生共识，逐渐改变社区的公共空间形态、经济发展方式以及精神文化面貌。成功的社区营造应使每个成员参与到社区事务中，形成社区意识，产生社区凝聚力，形成集体行动能力，共同营造生活环境，提高生活质量。

（2）在改造过程中，要塑造不同的院落特色，形成差异化的院落形象，以此强化居民对院落的归属感和认同感，增加居民的社区参与意识，为深入的居民自治奠定基础。

（3）让居民从旁观者转变为参与者，亲自动手参与改造过程，包括方案制定与实施。

（4）具体改造步骤：首先根据建筑建造时间、公共服务设施配套情况、基础设施老化情况、院落绿化景观情况等多个方面，确定现有院落的质量分级；然后结合居民愿望和街道投资预算，分批、分阶段地进行改造。在此过程中，要充分动员居民，贯彻从申请到具体方案制定再到实施的全程参与政策。可以由区、街道两级政府设立专项基金，居民可通过院委会或者社区组织申请，然后根据改善计划，聘请设计、施工单位具体执行。

6.4 需要注意的问题

院落自治的形式在基层政府的大力推动下，很快就见到了成效。但院落自治的实质，也就是改变居民的观念，培养公民意识，参与社区治理，提升社会资本等根本性目标，不是短时期内能够实现的。这一现实也间接反映了本地区乃至中国下一阶段转型发展所面临的挑战。因此，对于已经初见成效的院落自治如何能够卓有成效地进行下去，也是地方政府需要思考解决的问题。

6.4.1 防止院落自治的行政化与形式化

首先，要防止院落自治的行政化与形式化。2010年5月，肖家河街道决定在有较好的群众工作基础的兴蓉社区启动社区居民自治试点。到2013年6月底为止，所有的自管院落和部分物管院落都成立了"三驾马车"的班子。这一制度经过试点检验和前期部分院落的实践证明了其可行性和有效性，但实现真正的居民自治不是一朝一夕可以完成的任务，而且居民素质参差不齐，院落情况千差万别，实际上很难在短时期内达到统一的标准。在中国当前的社会现实条件下，居民自治不可缺少自上而下的强有力的推动，但需防止在此过程中的行政化与形式化。前期成功的案例多数是群众基础比较好的院落，比如居民素质较高，有一定的自我管理意识，有院落"能人"等。较晚实行院落自治的院落，反而可能是问题更多、更复杂的地方。所以，应在前期工作的基础上，认真总结经验，进一步细化政策措施，更有针对性地进行院落自治制度建设。

6.4.2 提高居民的社区政治效能感

之所以要防止院落自治的行政化与形式化，是因为过度注重形式的自治有可能降低居民的政治效能感，进而成为居民参与自治的制度障碍。社区自治的核心目标是达到居民自我管理、自我教育和自我服务的目的，而手段和过程都需要居民具有参与社区公共事务和民主选举的意愿和动力。

政治效能感（Community Sense of Political Efficacy）是个体对自我政治能力和对政治客体回应自身需求的主观感知，这种特殊的政治态度在一定程度上能够反映民众对于政治客体的认知和情感，也能够预知民众政治参与的情形（李蓉蓉，2012）。简单讲，政治效能感是指一个人认为他自己的参与行为影响政治体系和政府决策的能力。对于个人来说，政治效能感是影响其政治参与的最主要的因素，一般来说，政治效能感强的人会比政治效能感弱的人更多地参与政治。

将政治效能感这一概念放在城市社区中，即社区政治效能感，是指在社区建设过程中，社区居民相信自己的政治行为会对社区居委会及其成员乃至社区公共事务产生影响，并且认为社区居委会会对社区居民的诉求有所回应的一种主观感知。它从心理层面解读了社区居民对社区自治组织、公共事务的关注、认知。在社区居民应具有的自治能力和自治精神中，居民是否具备了对于社区自治组织及其行为的主观影响力，即社区政治效能感，则是甚为关键的要素，因为只有社区政治效能感较高的居民才能较为主动、积极地关注和参与社区的选举及相关的公共事务和公共服务，如果居民的社区政治效能感较低或者严重不足，甚至达到政治冷漠的地步，也就不可能关注、了解和参与社区的公共事务，社区自治也就难以达到。如表 6-11 所示，对于院落自治实施不理想的主要原因这个问题，有 5.1% 的居民认为是因为居民在院落自治中说了不算，就是一种政治效能感较弱的表现，当然，这一比例目前看来并不高。但当前很多城市开展的社区选举制度，正是由于这一原因而流于形式。

本文的研究案例中，居民的内在政治效能感的高低可以通过居民参与"三驾马车"的成员选举工作、参与院委会组织活动的情况、认识邻居的数量等情况加以了解。根据调查数据的分析可知，虽然社区居民推选、公开竞选和自愿加入为"三驾马车"体系成员的主要获选方式，一定程度上反映出了居民的内在政治效能感较高，但是需要注意，居民在参与院委会组织的活动以及认识院落里的邻居的数量方面所表现出来的政治效能感较低。

要防止居民社区政治效能感的降低甚至丧失，需要从两个方面入手，因为居民的社区政治效能感又分为社区内在政治效能感和社区外在政治效能感两个维度。

社区内在政治效能感是指社区居民认为自己有能力参与到社区公共事务及其社区相应的政治生活中，能够对社区居民自治委员会、院落议事会等组织及其社区政治事务施加影响。这种主观的影响力来自于居民平时在社区政治活动中的经验感受并将这种感受沉淀于心理世界，最后形成的一种对自身社区政治能力的主观判断。它并不是居民所具有的现实的自治能力，但在较大程度上决定了居民了解、关注和参与社区民主选举、民主管理、民主决策和民主监督等活动。如果居民的社区内在政治效能感不足，则表明其了解、关注和参与社区公共事务的动力不足，那么，社区自治的开展就缺少原动力。一般而言，居民社区内在政治效能感高，说明居民与居委会干部的关系紧密，对社会公共事务的参与较为积极，这就为社区自治提供了动力来源；反之，如果居民的社区内在政治效能感较低，则说明其与居委会及其干部的关系较为疏离，对社区公共事务的参与较为消极，社区自治的水平也会大受影响。

社区外在政治效能感是指居民认为社区居委会及其干部以及相应的主体会对社区居民的利益诉求予以重视并有所回应的一种主观感知，这一感知更多地依赖于自治组织及其成员的工作态度和工作精神。良好的工作态度和积极的回应会使居民对自治组织产生依赖、认同和信任，由此会产生良好的动员效应。如果居民具有较高的社区外在政治效能感，就在一定程度上为社区自治提供了动员基础；反之，如果居民的社区外在政治效能感较低，居民不依赖和信任自治组织及其成员，就会影响自治组织在居民中的组织动员和开展工作，自然就会导致社区自治水平的下降。从本案例来看，院落自治"三驾马车"体系中的大部分成员花费在院落自治上的时间超过10个小时，说明组织成员在院落自治工作上投入得较多。此外，在组织成员对自身院落自治工作意愿的评价中，75%以上的调查对象非常愿意和比较愿意参与到院落自治工作中；而在对院落自治工作成效的评价中，75%以上的组织成员评价为非常满意和比较满意，说明组织成员的工作努力构成了提高居民社区外在政治效能感的必备条件。但是从院落自治工作与居民的生活的关系来看，50%左右的居民认为关系一般和有一定关系，其总和超过了认为关系非常大的居民所占的比例，这说明自治组织的成员虽然付出了一定的努力，参与到院落自治的公共事务治理中，但是社区居民对于其重要性的认识还存在一定的欠缺，居民的社区外在政治效能感还不是特别高。

6.4.3 加强"三驾马车"成员的凝聚力

"火车跑得快，全靠车头带"，作为院落自治的核心，"三驾马车"成员的思想行为对院落自治的成效影响甚大。对于问卷调查中反映出的问题，要提出相应的解决措施，比如如何让"三驾马车"成员正确认识此项工作的意义以及如何看待自己的付出所得到的回报。

除了年龄、性别、学历构成等基本信息使得"三驾马车"成员的构成令人担忧外，问卷调查中对"三驾马车"成员调查对象加入"三驾马车"体系的相关组织能多大程度上带来回报的情况分析显示,虽然有超过半数的人(50.3%)选择有一定回报和回报非常大(图6-32),但如果把这个结果与其他满意度调查的结果进行比较就会发现,对这个问题的回答其实是颇为勉强的,特别是青壮年人群觉得没有回报的比例更大(图6-33)。这一现象值得注意。如果不能在接下来的院落自治工作中提升主要参与者的成就感和回报感,将会导致他们的参与意愿的下降。当然,如何看待回报率,也是接下来的工作中需要政府帮助居民确立的认识。

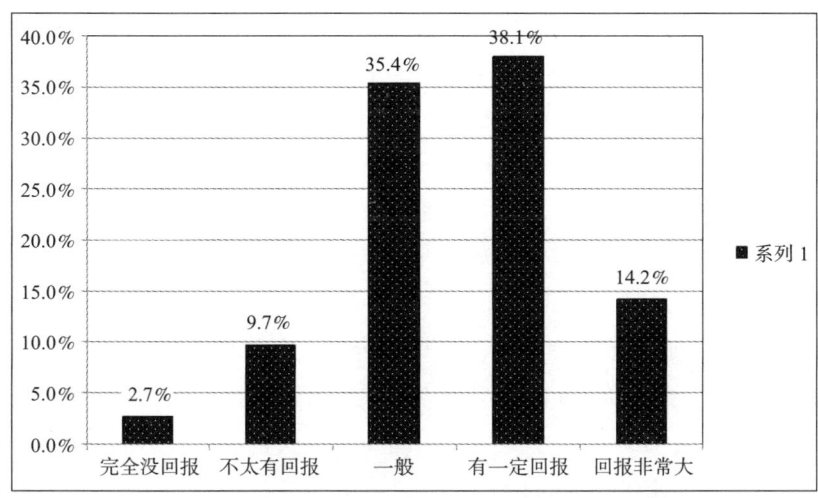

图6-32 调查对象加入"三驾马车"的回报程度统计分布直方图
资料来源:问卷二(有效问卷113份)

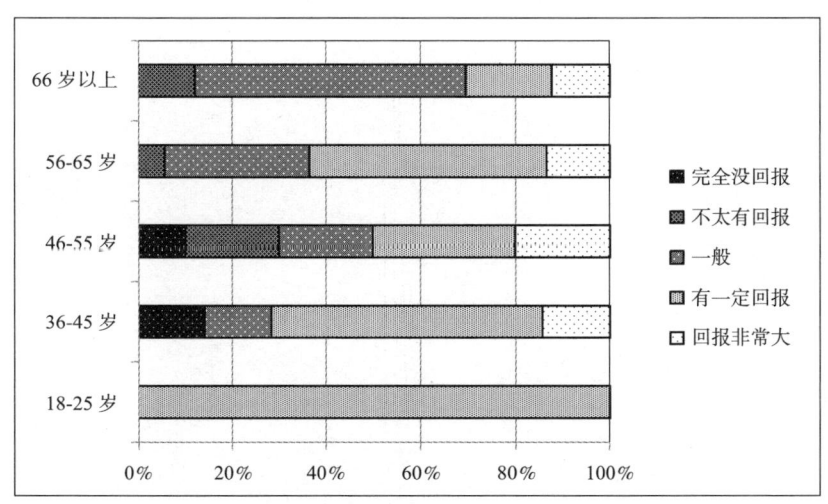

图6-33 调查对象年龄与加入"三驾马车"的回报程度
资料来源:问卷二(有效问卷113份)

6.5 小结:居民的主力作用

社区治理是政府与社区组织、社区公民共同管理社区公共事务的活动。在我国,城市社区治理模式由行政型社区向合作型和自治型社区的发展过程,是社会经济体制改革和社会结构调整在城市社区发展中的一种反映,它代表着我国城市社区发展的方向。建立在合作主义基础上的新型政府与社会关系、社区制逐步取代单位制以及城市街道制的改革,代表着我国社区发展与制度创新的基本思路(魏娜,2003)。本案例中肖家河街道院落自治"三驾马车"体系的建立,充分体现了自治型社区治理模式的特点,即社区治理的主体是社区自治组织和社会组织,社区组织真正成为了承担社区公共事务管理与决策工作的自治型组织。此外,政府与社区共同承担社区资源提供的责任,培养和提高了社区吸收社会资源的能力,满足了居民的公共需求。

社区治理目标的实现是一项长期的工作,成都高新区所推行的院落自治已经在这个方向上迈出了坚实的一步。目前,院落自治的实施,总的说来处于初级阶段,表现为通过"三驾马车"式的制度建设以及实施院落环境改造等具体措施,把居民动员起来了。从居民问卷调查结果的分析可以看出,院落自治的短期目标实现了,即改善环境、治安好转,但长期目标,如提升社会资本,还有待努力。自治绝非短期内可以实现的目标,要让居民成为社区治理中的一方,承担相应的责任与义务,还需要花费大量的时间,付出长期的努力。如何不在迈出一小步后又退回原点,或者说如何实现院落自治的可持续发展,是接下来同样需要关注的问题。

7 搭建桥梁：社会组织是社区治理的助推器

社区治理需要政府、社会组织和社区居民之间的合作，社会组织也是社区治理的主体之一，而社会组织又是从居民中发展而成或者是直接面向居民服务的，具有能够迅速发现社区居民的需求、向政府表达居民的需求等优势，能够建立政府与社区居民之间的沟通桥梁，因此，社会组织在社区治理中具有不可替代的地位，对于社区社会资本的形成和发展，特别是连接性社会资本，有着重要的助推作用。

社会组织有很多类型，本文主要指的是社区社会组织，按照英文的含义，应该属于CBOs（Community Based Organizations），是指"以社区为活动范围，以社区居民为成员或服务对象，以满足社区居民不同的需求为目的而成立的各种社团类组织或民办非企业单位"（夏建中、特里·N·克拉克等，2011）。

7.1 社会组织在社区治理中的作用

在社区治理主体多元化的趋势下，社会组织成为社区治理的主体之一，并在社区治理中发挥了重要作用。社会组织能够协助社区管理社会事物，丰富社区居民的精神生活，提高社区居民参与社区活动的积极性，帮助社区弱势群体，缓解社区矛盾，帮助社区培养公民社会，促进社区的自治和基层民主建设。因此，社会组织也是社区社会资本形成和发展的主要中介，特别是宏观层次的内部性社会资本，作为一种重要的公共物品，对于塑造规范、互惠和信任的社会环境具有重要作用。

以社区为中心的社会资本，从宏观的角度看，有两种类型，即粘合性社会资本（Bongding Social Capital）和连接性社会资本（Bridging Social Capital）。根据社会资本的理论解释，对于不同类型的社会资本的作用要区别看待。虽然普遍来说，社会资本有助于地方经济的增长和和谐社会的形成，但具体到社会资本的性质，如粘合性社会资本和连接性社会资本，它们的作用还是有所不同的。

前文述及，以信任为基础的社会资本主要来源于两种组织：家庭和社团。前者注重家庭或家族的团结，但是排斥非家庭成员；后者关注社会所有成员的互助合作，热心于各种社团、社群和社区的活动，注重公民社区意识的提高，有助于形成更广泛的社会信任，提高社会的整合力。前者通常是粘合性社会资本很高的表现。但仅仅局限于家庭和亲朋之间的信任未必会给整个社会带来益处，只有在广义信任的基础上建立的社会资本,才能造就高信任度的社会。也就是说,如果一个社会仅仅是粘合性社会资本高,并不一定对社会进步有积极作用,反而可能导致宗族势力独大或者黑社会横行,只有在粘合性社会资本和连接性社会资本都高的前提下,才能使社会资本的积极作用充分发挥出来。

以成都高新区街道的现状为例,由于有较多当地农村拆迁安置院落,而且在拆迁安置中采取的是整村安置在同一个院落的政策,所以出现了一些农村社区中的血缘关系继续保持在新型城市社区中的现象。这种现象从社会资本的角度分析,有利有弊。利的一面是这种以家族为基础所形成的社会关系,对粘合性社会资本的形成和巩固有明显的积极作用,所以较易产生集体行动,对现阶段院落自治的实施有好处。不利的一面是这种传统的家族式的社会关系如果不能尽快转化为现代化的社区意识,将对现代社区治理造成阻碍,表现为这些院落里的居民自己抱团,以自我利益为中心,不愿意接受先进文化和现代观念,不愿意与其他院落居民和组织合作。长此以往,会形成自我隔离状态,不利于地区的整体进步。这就是缺乏连接性社会资本的典型表现。

连接性社会资本的形成需要广泛的社会网络,各种社会组织的存在,发挥了在居民之间穿针引线的作用。他们帮助居民创建更多、更丰富的人际网络,带领居民开展各种活动,为共同利益展开合作,使居民在这一过程中增进了相互之间的团结与信任。因此,社会组织作为提升社区社会资本的中介,通过促进社区信任、关系网络和规范的形成,大大地降低了社区的交易成本,为社区的健康发展创造了良好的环境。可以说,社会组织是构筑社区社会网络的助推器,在培育社会资本方面能起到至关重要的作用。

近年来,随着我国各地社区的发展,社会组织在社区中开始逐渐发挥积极作用,弥补了基层政府为社区提供的公共服务中的空缺,承担了基层政府在社区治理中的职能,在慈善救助、公益信息传播、养老服务、文体活动和环境保护等方面发挥着重要的作用,促进了社区的全面协调发展。同时,社会组织不仅为社区提供服务,也帮助社区培育公民社会。社会组织从社区居民中发展而来,吸引社区中的居民进入组织,调动居民参与社区活动的积极性,表达自己的需求和意见,是一种更加民主的公共事务的治理方式。

7.2 成都高新区的社区社会组织现状:以肖家河街道为例

在目前的城市社区发展中,社会力量尤其是社区社会组织的参与越来越重要(李雪萍、曹朝龙,2010)。但当前存在的一个突出问题正是社区社会组织缺乏[①],不仅数量少、种类

---

① 夏建中.城市社会学[M].北京:中国人民大学出版社,2010.

不多，并且多是在政府管理和资助下建立的，很难形成有独立意志的参与主体。针对这一现实，有地方政府及社会组织开始关注社区社会组织的建立与成长。成都高新区的肖家河街道办事处及"爱·有戏"社区文化发展中心（后文简称"爱·有戏"）即是这样的地方政府与社会组织，双方合作从事社区治理实践，在提供社区服务、培育社区社会组织以及改善民生等方面做出了有益的尝试。

7.2.1 基本情况

在社会管理过程中，特别是推行院落自治以来，街道逐渐感到，仅仅依靠政府很难完成社会管理任务，也难以满足居民日益增多的社区服务要求，主要原因是：①政府大包大揽，对居民日常生活的过多干涉会导致管理效率的降低；②基层政府专业程度相对较低，不了解居民的具体需求，导致管理效果较差；③基层政府时间、精力有限，对基层居民自治管理的覆盖面和深度都很有限。虽然推行院落自治，放权给居民，但居民也无法在短时间内掌握自治组织的运行与管理方法。由于意识到了这些问题，肖家河街道以政府购买服务的方式，引入社会组织提供公共服务、培育社区社会组织以及提升居民参与度，推进居民自治。

除了社区居民自发形成的一些文体活动类组织之外，肖家河街道近年主要引入了"爱·有戏"社区文化发展中心和晚霞居家养老助残服务站，将社区公共服务与居民自治、社会组织培育等方面有机结合（表7-1）。

肖家河街道的社区活动类型 表7-1

类型	主要活动
互助活动	设立"义集、义仓、义坊"参与式互助管理中心，开展多种形式的社区内互帮互助活动
文化艺术交流活动	拍摄电影、纪录片，举办居民艺术节，开展口述历史活动等
环境治理	开展垃圾分类、节能减排、水资源循环利用等活动
社区站点托管	建立老年人活动基地、青少年活动中心等
社区学院	讲授社区发展的相关知识，培养社区工作人员

7.2.2 主要特点

1. 以项目为主的政府购买模式

目前，社区工作推行政府购买服务的模式，根据政府的参与方式来划分，主要有四种（韩丹，2011）：

（1）授权委托模式（公办民营），又称为公办民营模式，政府职能部门在保留社会服务设施所有权的前提下，与民间机构签订委托协议，授权委托民间社会服务机构经营管理，并提供相应的公共服务。

（2）直接资助（民办公助）。直接资助是指政府对民间兴办的承担公共服务职能的机构给予资助的模式。

（3）服务合同模式。它是由政府职能部门与民间机构或个人签订服务合同，由民间机构或个人负责提供相应的服务项目。

（4）补贴模式。这是指政府不直接提供公共服务，而是把购买服务的经费，按照一定的标准补贴给民政服务对象，从而达到间接购买服务的目的。

肖家河街道与"爱·有戏"的合作为服务合同模式。与传统方式不同的是，街道购买的社区服务是以项目为导向的。一方面，肖家河街道根据自身的实际情况提出项目需求，另一方面，"爱·有戏"组织也进行实地调研以考察项目运行的可行性，经双方协商研讨，签署以项目为单位的服务购买合同。每个项目的运行时间为一年。以项目为主体的公共服务购买模式的优点在于其专业化更强，更能够有针对性地提供政府所需的公共服务。同时，以项目为主体的购买模式有相对明确的绩效指标和操作方法，也有利于考核与反馈。

2. 以培育本地居民为主的社区社会组织为主要工作

肖家河街道购买社区服务的目标，一方面为社区养老、开展群众性文体活动提供更专业化的服务，另一方面是希望通过社会组织的介入，培育植根于社区内部的居民组织，培养居民自治意识，推动居民自治不断发展。这与"爱·有戏"的愿景和战略也不谋而合。

"爱·有戏"的项目组进驻肖家河街道之后，首先是助力院落自治的实施。"爱·有戏"通过发现、号召、培育院落领袖，组建自管小组与议事会，与院落党支部三方协作。"爱·有戏"为院落成立的自管小组及自治组织提供项目支持、自治培训、管理培训等，以提升院落居民参与院落事物的积极性，提高居民当家做主的意识。其次，"爱·有戏"还积极培育社区社会组织。经过两年来的努力，已经形成了6个完全由社区居民组成的社区社会组织（图7-1）。这些社会组织在丰富社区文化的同时，强化了居民的团体意识、自治意识。其中的邻里文化社，已经于2014年成功地在民政部门正式注册，成为了与"爱·有戏"一样性质的社会组织。

3. 基层政府的支持

社区社会组织在社区内的运行离不开政府部门的支持。在肖家河街道购买社区服务后，除提供必要的资金之外，在场地、人员方面都提供了大力支持。街道办事处并没有简单地通过购买服务的方式把政府在社区治理中的职责推卸掉，除了提供人力、物力的支持之外，肖家河街道与社会组织之间的关系十分密切，在处理社会问题、拟定工作方案方面都保持着良好的沟通和协调的状态，使得双方能够充分了解彼此的需求，这也保证了这种合作关系的可持续性。

7 搭建桥梁：社会组织是社区治理的助推器

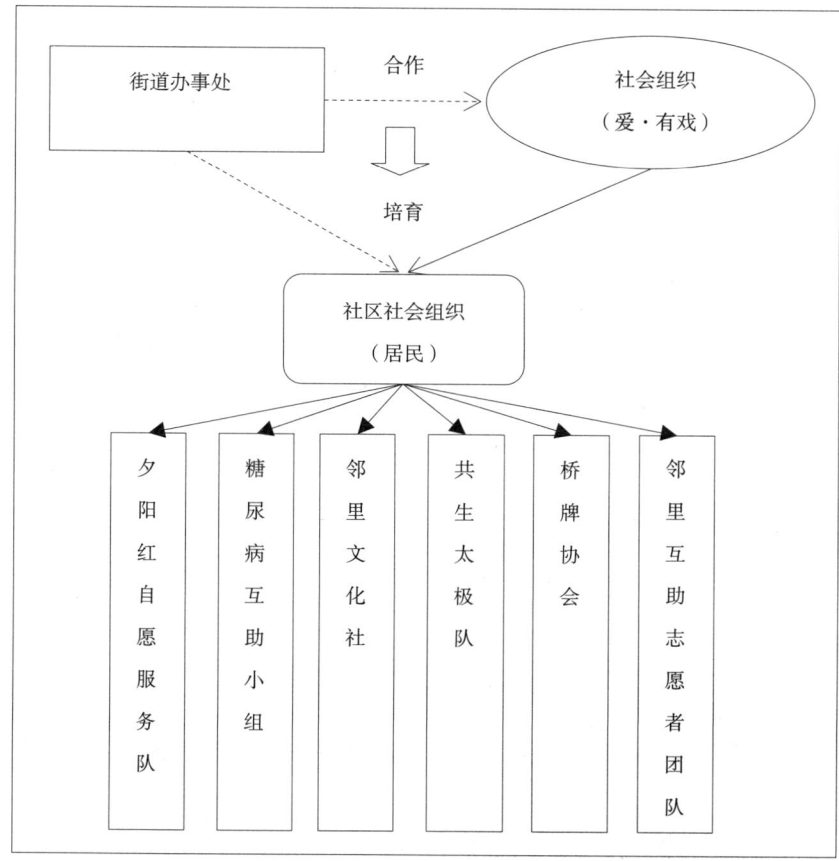

图 7-1　肖家河街道办事处与社会组织合作培育的社区社会组织

7.3　促进社区社会组织发展的措施

我国当前面临的实际情况是居民的自治意识薄弱，没有形成市民社会，社会组织自身的发展也处于初期阶段，因此，基层政府在培育和引入社会组织参与社区治理时，要结合自身的特点，采取有针对性的措施，同时要注重与社会组织之间的协作关系，为社会组织发挥作用创造良好的外部环境。接下来分别针对居民构成的社区社会组织和社区外来的社会组织两大类型，提出相应的建议。

（1）对居民社会组织的成立和发展进行辅导，可以按不同的发展程度分级辅导，比如分为播种组、萌芽组与成长组，每年制定计划，划拨经费与人员。街道办事处应设置专项经费，社区组织也可以根据自己的活动计划，向街道申请支持。

（2）每年对开展活动的居民组织进行评价与考核，并对绩优组织给予一定的奖励，包括院落"三驾马车"的活动情况。

（3）成立社区组织联合会，促进社区之间、社区组织之间的联系。对绩优社区进行

127

奖励的同时，也要求他们提供观摩，并给其他社区组织提供帮助。

（4）加强人员培训，包括街道办事处里承办社区事务的工作人员和社区居委会工作人员。定期引进教育培训类社会组织，帮助社区居民实现终身学习的目标，提高自身的文化修养，提高适应城市社区生活的能力，还可以为失业人员提供培训，为其再就业创造条件。

（5）加强资源整合，充分利用驻区单位、政府部门、社会组织等资源，借助外力，共同促进社区发展。

（6）针对各个院落之间互动关系的弱化问题，建立联系各个院落的相关组织，如通过院落交流会、共同举办一些活动等，加强不同院落之间的互动，从而活络跨院落的关系。

（7）针对特殊群体提供服务。社区服务既是一种普惠性、遍在性的服务，也是一种特殊性的、有针对性的服务。随着生活水平差距的加大和老龄化的到来，越来越多的特殊群体需要得到社区服务的重点关注。针对这些人群的服务，街道办事处和居委会这样的行政化机构通常不能有效提供，居民没有经过专业培训，也难以胜任，这就需要引进专业的社会组织。这也是目前基层政府的普遍做法。比如肖家河街道的老龄人口所占比重较大，街道办事处引进了专业的养老服务组织——晚霞。除引入专业化的社会组织之外，还应该鼓励社区居民自己组织起来，进行自我服务。如果居民有好点子，政府可以采取资金补贴和人员培训的方式予以实质性支持，这样可以更大程度地动员社会力量参与社区公共事务管理。

（8）借力组织培育组织的方式。目前社区社会组织的成长环境还不够完善，居民自组织的能力有待提高，政府对社区社会组织的培育力度和投入不能满足社会组织发展的需求，为此需要引进比较成熟的社会组织对社区社会组织的成长进行扶持，比如"爱·有戏"这样的社会组织。除了能力建设之外，初创期的社会组织对场地、资金等有着强烈的需求，但政府掌握的可分配资源有限，与此同时，社会上有大量公益资源，但缺乏整合，这就需要在政府与社会组织之间搭建一个平台，通过整合社会资源，为社会组织的发展提供保障。

7.4 需要注意的问题

现阶段，由于我国公民社会先天缺乏，所以政府需要主动承担引导和支持社会组织发展的任务。但政府行政力量的干预具有两面性：一方面，政府掌握大量资源，可以给予社会组织充分的发展空间和实质性的支持。另一方面，政府的干预通常含有追求政绩的成分，希望短时期内看到成绩，这种心态下所采取的措施难免会对社会组织的成长起到拔苗助长的作用。另外，政府的偏好会伴随干预过程而显现，脱离社区居民的真正需要，并导致不公平的现象。

因此，正确定位政府的角色是社区治理中特别需要注意的问题。在当前中国社区社会组织还普遍处于发育阶段时，政府的引导是必不可少的，但关键在于采取怎样的措施予以引导。直接的财物支持是必需的，但更应该通过政策制定和政策执行，抛弃主观偏好，鼓励居民自身的成长，培养社区领袖人物，加大人力资本培训投入，让居民社区社会组织成为真正居民自治的组织。如此，才能真正培养居民的自治能力，实现社区发展的长远目标。

7.5 小结：社会组织的助力作用

在多元社会中，社会组织的作用将越来越重要已经毋庸置疑。在社区治理中，作为主体之一，社区社会组织最主要的作用并不是替代政府提供社会服务，而是通过建立广泛的社会网络，为居民之间以及居民和政府之间的联系架起桥梁。社区社会组织主要是在社会资本的完善和提升过程中发挥着不可替代的作用。简单说就是社区里的社会组织发达了，社区就会有活力。社区有活力，意味着居民之间的互动增多，社区自治的基础就可以建立。这个基础建立了，社会资本就可以不断积累，社区就可以繁荣，社会的进步才会扎实起来。所以，不论是外来的社会组织还是居民自己组织成立的社区社会组织，它们的成长和发展都是社区治理中的重要任务。

8 以新带旧：以技术和经济发展为契机，创新社区治理

成都高新区的发展背景和肖家河街道的创新实践经验表明，成都高新区社区治理改革和创新的路径应该聚焦在"以新带旧"理念上，即以先进的理念，先行积累的经济基础以及先行一步的决心，通过制度建设和管理方式创新（社区治理创新），突破原有的观念、原有的发展方式和路径依赖，在中国社会经济转型发展和创新驱动发展战略的背景下，独辟蹊径，再谱新曲，再创新高，从一定程度上，也就是当前中国领导人提出的供给侧改革。高新区在中国本身就是一个新现象，它的成功，是以园区建设为龙头的新城区建设的楷模和先导。高新区的社区建设，可以在高新区技术经济发展的基础上，实现从传统到现代的顺利转型。同时也可以带动地区发展，探求中国新型城镇化发展的有效路径。成都高新区的社会治理创新经验，能够为中国许许多多的高新区以及其他城区的社会管理创新提供经验借鉴，为促进中国的城市发展转型提供依据。

8.1 高新区社区治理创新的必要性

高新区社区治理创新的必要性可以从两个方面进行梳理，一是现实的需要，二是创新的需要，也就是所谓的"新旧"两面。高新区未来发展的关键点就是如何有效地"以新带旧"——以制度创新带来固有社会经济结构的转型与升级。

8.1.1 高新区旧有的压力

成都高新区的社区，有自身独有的特点。一方面是社区类型高度多元，包含中国现有的几种典型生活社区：单位小区、传统城市居民社区、商品房小区、城中村、城乡结合部的城边社区等。另外，由于高新区国际性强，不少跨国公司在此落户，带来了许多国际性人才，对语言、服务、环境、安全、通勤等都有比较高的要求。居民中也有部分高素质和具有国际经验的现代人群，带来了新的理念、方式和对社会服务的新要求。另一方面，虽然是新区，居民是新迁居过来的，但大多数留有过去生活的痕迹，比如有拆迁的农村居民难以适应城市生活，在阳台上养鸡、养猪的，前后院子种菜的，卫生习惯不符合城市集聚生活环境；也有老城市民打麻将、打牌、赌钱，以传统方式娱乐的；还有新迁入移民关门生活，只管自己门前雪，不管邻家瓦上霜的，如此等等。成都高新区还有一个别的地方少见的特点，即有不少长期支边和支援少数民族地区的离休退休和返回内

地人员及其家属以及大批边区干部，带来了少数民族的生活习性和独特的生活条件要求，也给社会管理带来了挑战。

这样的社区情景有如中国快速城镇化进程中的城市社区缩影。对于高新区来说，同样的社区情境，放在社会管理改革的大环境下，加上过去在追求经济发展和GDP增长的过程中留下的社会发展欠账，社区治理创新就不仅仅是一个希望，而是一种必需。理念、机制、治理方法都需要得到改变，有所突破。这是因为高新区自诞生之时起，就被赋予了制度创新的使命。

8.1.2　高新区创新的动力

何谓创新？在许多有关创新的定义中，被广泛认可的是在熊彼特定义的基础上扩展而来的定义。美籍奥地利政治经济学家约瑟夫·熊彼特（Joseph Alois Schumpeter）被誉为"创新理论"的鼻祖。他认为，创新就是将新的思路、新的理念和新的技术运用到实践之中，建立新的生产要素的组合（创立一种新的生产函数），创造新的产品、新的工艺流程、新的组织结构和方法、新的人际关系，开拓新市场，获取新的资源的供应来源，提供新服务，以达到增加价值、提高人类生活水平和质量的目的（熊彼特，1991）。因此，创新的意义，至少有三个层次。首先，科学技术的发展和进步本身就是一个不断创新的过程；其次，"创新"的意义是提高企业或国家的竞争力；第三个意义是解决发展中不断出现的社会矛盾，寻求和谐社会和可持续性发展。从以上三个层次的分析来看，创新不但是科学技术问题、国家竞争力问题，更是现代文明社会的公共管理问题（蓝志勇，2005）。也有人将他的思想归纳为五个创新，即产品创新、技术创新、市场创新、资源配置创新、组织创新，而这里的"组织创新"也可以看成是部分的制度创新。

高新区的出现，本身就是一个新概念、新方法、新形式和新组织。它是基于本土发展的需要，通过学习获得的外来概念。建设者们从20世纪80年代国外的工业园区建设（比如说美国北卡罗来纳州的三角科技园），到90年代的硅谷创业园、中国台湾的新竹科技园，到苏州的新加坡工业园等园区建设中得到启示和经验，在中国全面推开。从20年的实践来看，高新区的诞生和存在的意义主要在于极大地加速了中国工业现代化的进程。高新区正日益成为国民经济的重要支撑，其设立之初确定的"带动、引领、辐射、示范"的目标已"超额完成"。但如果换个尺度，从探索国家创新体系建设、高新技术发展路径的角度来衡量的话，高新区的成就要黯淡很多。总的说来，我国的高新区仍处于创新竞争力的培育阶段，虽已在国内初步体现了聚集创新的优势，但未能真正成为具有全球化创新竞争力的平台，未能成为激发原发性创造、引领和带动整体经济转型发展的创新中心。这一还未完成的使命，将是下一阶段高新区转型发展的目标。成都高新区深知自身的责任，逐步确定了发展的基本取向："在发展质量和发展速度方面，在中西部地区领先；在科技创新、产业发展、经济社会发展、体制机制创新等方面，在全国高新区领先。以率先提质升位、率先转型升级为总要求,以改革开放、创新驱动为总引擎。"

但创新驱动如何产生?熊彼特还认为,创新是生产过程中内生的,是突发性、间断性、"革命性"的变化(熊彼特曾作过这样一个形象的比喻:你不管把多大数量的驿路马车或邮车连续相加,也绝不能得到一条铁路)。创新意味着旧体制的毁灭;创新必须能够创造出新的价值。创新的主体是"企业家",一个具有动态性的人群,不是一个阶级、一种行业,而是具有"企业家精神"、追求创造的一部分人群,他们打造团队,有坚强的意志,有创造的热情,追求创造的喜悦,是实现发展中的创造性突破的智力基础。

社区治理创新,就是在技术创新的基础上展开的管理和文化创新,同时,它又为技术和经济体系创新提供新的社会环境,是现代意义上的社会管理问题的创新。这既是国家宏观发展趋势的需要,也是高新区自身发展的阶段性需要。它对克服原有的行政体系的不足,为技术和经济创新提供制度和环境的供给有重要的意义。成都高新区的社区治理创新,正是在这样的需求环境中展开的。在开始阶段,建设高新区的初始目的是克服现有的管理体制的不足,集聚资本、人才、理念和技术的相对优势,推动技术进步、产业升级和管理改革。逐步地,它以技术经济先进带来的局部的新,带动和引领更加宽泛和意义更加深远的社会环境创新,成为继续创新的条件,孕育新的创新动力。所以说,这是一种以新带旧的创新。

现在,高新区对创新的认识仍有局限,认为只要产业集聚就会带来创新。实际上,集聚可以降低成本,但不是必然导致创新,而且技术创新也很难说是政府能"规划"出来的,但政府可以为创新培育合适的环境,这一过程是市场无法完成的。创新竞争力需要从多个方面入手,包括教育政策、科技政策、金融政策、产业发展政策、人才政策、人文社会环境政策等。众多研究创新的学者都发现了社会环境对创新的重要性。从根本上改善社会环境,必须从基层社区的改善开始。因此,社区治理也是改善社会环境的最基础性的工作。社区治理创新本身体现了创新第三个层次的意义并属于组织创新的领域。当社区治理与社会资本的培育结合起来,则既是国家宏观发展趋势的需要,也是高新区自身发展阶段的需要。

总而言之,我们可以对高新区有如下认识:就技术创新而言,并非在一定的地理空间内聚集了创新要素就必然产生创新,从空间集聚到产生集聚效应,需要时间和一些外在的因素促使效应的产生。要实现这一目标,需要将政策、机制、文化或服务性企业融合到一起的因素,某种程度上可以视为促进创新的中介,或者是纽带。创新过程并不是一个线性过程,而是一种各种要素和主体互动的复杂的网络关系,良好的社会环境或者说社会资本正是产生创新的必要条件。因此,社区治理这一与产业转型、经济发展看上去似乎没有直接关系的领域,在创新驱动阶段却成为了不能跨越的门槛,因为借由社区治理所形成的居民之间以及政府、居民和社会组织之间的信任网络,正是创新的社会土壤。

8.2 成都高新区社区治理创新的主要特点

在上述理论分析的基础上,再次审视成都高新区开展的社区治理创新实践,可以发现,从国家和区域发展的角度,具有以下特点:

8.2.1 顺应社会发展要求,用新的理念推动社区建设

国家治理现代化目标的实现,既需要顶层设计,也需要脚踏实地。以基层政府为主导的社区治理现代化,是国家治理大厦的基础,因为社区是城市生活的重要组成部分,是管理和维护城市的基本单元。改善社会环境、提升基层治理水平,需要全体国民思想意识的提高和全体市民的参与。成都市高新区历经20余年的发展,在综合经济水平上位列西部地区乃至全国的领先行列。但他们的干部也深深地意识到,高新区要进一步发展,需要政府的管理理念和管理方式的转变,需要改变过去大包大揽的传统,更多地发挥民间力量的作用,通过社区自治、社会组织参与等形式,共同解决社会矛盾。成都高新区从基层做起的社区治理创新,应用和培育社会资本,推动社区建设,探索自下而上的变革之道,符合时代和历史的改革潮流。

8.2.2 扎根本地实际情况,创新了社区居民自治组织的体制和机制

成都高新区的居民多为征地拆迁集中安置的农转非居民和旧城区拆迁安置的居民。由于历史原因,居民在拆迁、就业、社会保障等方面积累了很多问题。尽管近年来政府采取了多项民生措施改善居民的生活条件,但居民对政府的不满情绪还是不断增加。在实际工作中,基层政府逐渐认识到仅靠政府单方面的力量,很难从根本上解决问题,社会转型时期政府的社会管理职能不再是无限大,而是应该充分发挥居民、社会组织等多方面的力量,形成多元主体协同治理的格局,构建和谐社会需从社区的基本单元做起,现代城市居民的权利与责任意识都需培养,以适应社会发展的需要。

面对社会经济转型时期的社会管理新问题和新形势,肖家河街道率先尝试推行了以院落自治为核心内容的社区治理创新。之所以形成院落自治模式,正是结合了街道自身的特点,而且院落规模较小,居民彼此较为熟悉,为自治的推行提供了可行性。院落自治的主要内容是:首先将居民自治落脚到社区的最小细胞——院落;然后在理顺组织架构、明确各自职责、落实运行模式的基础上,成立了院落党支部、院落议事会和院委会,即"三驾马车"。"三驾马车"以院落党支部为龙头,院落党组织负责人为议事会的召集人;在院落党组织的领导和监督下,院落议事会为院落的决策监督机构,对议题进行议决,对院委会工作进行监督;院委会是院落自治事务的执行机构,负责执行院落议事会的决定,并协助社区对院落进行服务和管理。"三驾马车"的组织结构设计,避免了一些地方出现的"暴政民主"或"刁民自治"等问题,基层民主得到充分体现。

基于住房制度改革和商业小区的发展，多年前就有了社区管理主体的"三驾马车"一说，分别指业主委员会、居民委员会和物业管理公司。但这"三驾马车"的主体构成和各自目标并不一致，与院落自治中的"三驾马车"有根本区别。院落自治"三驾马车"的成员全部来自院落居民内部，同心协力地实现院落的自我管理。

成都高新区针对辖区特点，以院落作为居民自治的基本单元，以"三驾马车"为院落自治的主体，加强居民自治的组织建设、制度建设和运行机制建设，还权于民。

8.2.3 将院落自治作为社区治理的核心内容，培养居民的公民意识

社区治理目标之一是居民自治，只有在居民具有良好的公民素质和参与能力的基础上，才能建立起政府、居民和社会组织之间的平等合作关系，实现社会发展的目标。从各国社区发展的实践来看，一部社区发展史就是一部不断培育居民社区意识、提高参与能力、扩大参与领域、提升参与质量的历史（徐永祥，2001）。成都高新区社区治理创新以院落自治为核心内容，有效地加强了居民的参与意识和公民意识。院落自治中的"三驾马车"把原本松散无序的居民重新组织起来，社会发展实现了从计划经济时代的有组织到市场经济时代的无组织，再到院落自治以后的有组织，帮助居民实现了从单位人到社会人再到社区人的转变。院落自治得以实现的条件有二：一是规模小——少则几十户，多则几百户；二是居民的同质性强，彼此熟悉。其次，院落自治的实施，促使居民关心自己所在院落的事情，增强了对院落和社区的归属感和认同感。这种社区情感，会促进居民参与更广泛且深入地开展，并有可能进一步转化为推动区域社会经济发展的社会资本。可以说，从培育社会资本的角度，院落自治既有基础，又是目标（图8-1）。

8.2.4 重新发挥基层党组织的作用，找到了居民自治组织领导力建设的着力点

如何实现真正的居民参与，是困扰中国城市社区治理的难题。居民自治的实现离不开有领导力的群众组织。但由于历史原因，当前中国的社会组织不发达，特别是社区社会组织尤其缺乏，不

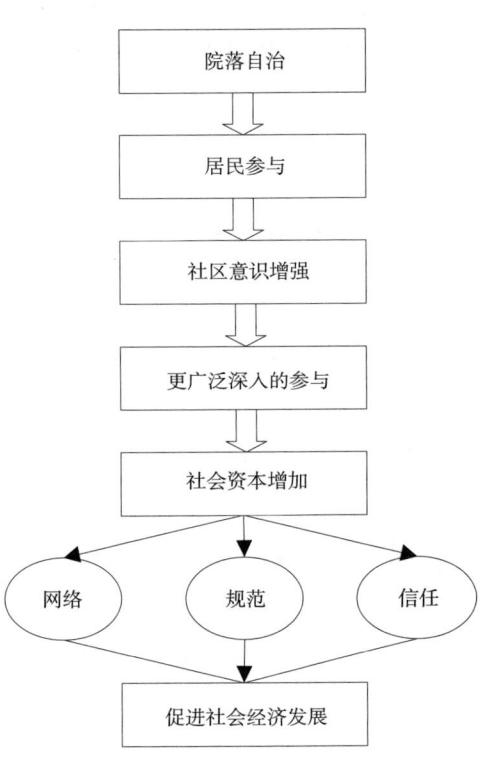

图8-1 院落自治与区域社会经济发展之间的内在逻辑关系

足以承担居民自治相关的集体行动核心的作用。面对这一现实困境，成都高新区想到了基层党组织的作用。肖家河街道依托院落建立了以党组织为龙头的"三驾马车"自治管理体系，充分发挥了党员和基层党组织的模范带头作用。"三驾马车"的产生，首先由居住在院落的党员（含本社区在籍党员、单位党员、外来租房党员）民主选举出党支部书记或党小组长，然后在院落党支部的动员和领导监督下，院落居民按照一户一票制民主选举出院落议事会和院委会，并与社区党总支、社区议事会、社区居委会有效对接，保障了社区自治工作的流畅性。

借鉴新民主主义革命时期将支部建在连队、打造新式革命军队的方法，用支部建在院落的方法来引领城市社区建设，是基层干部在应对复杂工作的实践中一个对历史经验的重温。如何在基层发挥党的领导作用，正确处理党政关系、党群关系，是中国新形势下执政党一直面临的难题。肖家河街道通过"三分两化"（三分，即组织细分、党员分类、服务分工；两化，即组织建设区域化、党员活动"双区化"）的创新举措，探索了党的群众路线方针在新时期发挥基层领导作用的新途径。"三驾马车"式治理结构，强调党员的带头作用，但不强调党员的特权，将党员的作用放到议事会、院委会的群众组织中，以群众的形式出现，尊重群众的选择，真正做到从群众中来，到群众中去。这一模式，在基层，从思想上、组织上牢固树立了党的核心领导地位，保障了院落自治的有序性和持久性。同时，对新时期执政党在基层发挥领导力、防止腐败、改革政府、建立威望，也有重要的启示意义。

在市场经济时期，基层党建工作受到了极大的挑战。肖家河街道的院落党组织通过推行"亮身份、树形象、作表率"，"我为自治献一策、我为院落办一事、我为和谐建一言"等多种形式的特色活动，积极推进党员"双区化"管理，动员党组织关系不在本社区的党员参与本院落自治管理服务，鼓励党员在院落管理中发挥先锋模范作用，使院落党员通过参加院落议事会、院委会的选举，认领院落管理、安全宣传、文明劝导等示范岗位。同时，积极发展优秀的居民骨干、楼栋长加入党组织，确保党组织与自治组织的同步组建，为新时期基层党建工作开创了思路。

8.3 社区治理创新对成都高新区转型发展的作用

当前，中国特色的发展模式面临转型，高新区也同样面临产业结构升级以及从单一的产业园区向综合性城区等全方位的转型，过去选择性的政策供给已经远远不能满足发展的需要。一方面是发展的必需，要解决面临的现实问题；另一方面，是探索未来以高新技术为主体的产业和城市环境的发展，实现转型升级的发展目标。为此，需要引入新的理念和机制，发挥地方的人才资源和文化优势，适应社会经济转型的需要，提升和培育社会资本，改善社会环境，努力形成良性的社区治理结构，不断获取创新的动力，推动地区可持续发展。这些都离不开社区治理的努力。

根据成都高新区的三次产业发展目标，社区治理创新在未来高新区发展中的作用可以用一个简单的图形来表述（图8-2）。良好的社区环境，是新兴和国际化人才的良好家园，而这良好的家园，正是可持续发展和不断创新的源泉。成都素有"来了就不想走的城市"的美称，指的是它的丰足的自然资源和休闲和谐的文化环境。在科技大踏步前进、

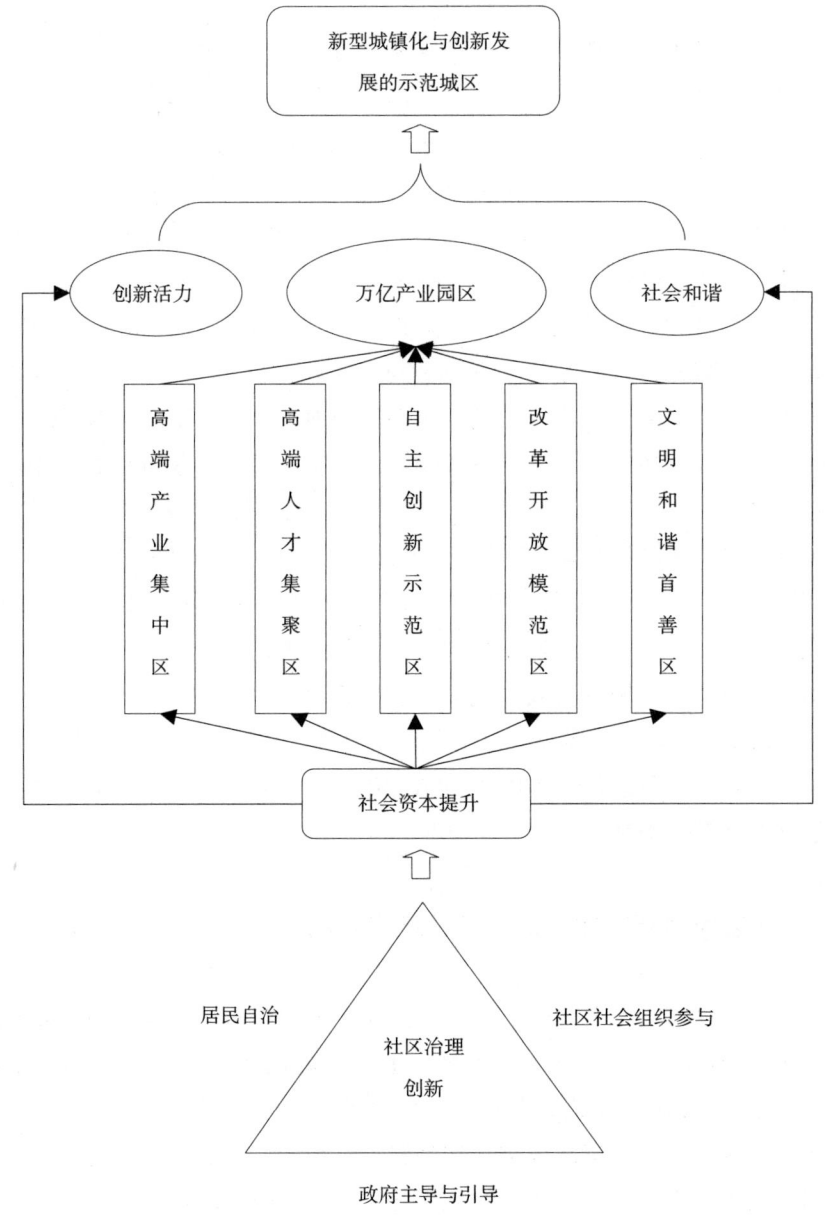

图8-2　社区治理创新在地区社会经济发展进程中的作用（万亿产业园区为成都高新区三次创业的目标之一）

社会大规模发展和转型的风云时代，如何捍卫这一称号，实为一项重要的挑战。以肖家河为代表的努力，可以说是可喜的第一步。继续打造更加现代和对国际人才有包容性和吞吐能力的高新社区和文化环境，引领中国的城市化建设，是高新区公务人员和全体居民的更重大的历史责任。

8.4 小结：社区治理是高新区在新时期和新的发展阶段制度创新的努力

理论上，制度经济学家和发展经济学家都反复证明了制度优越的重要性。好的制度可以理清产权、降低交易成本、规范个体行为，从而实现社会经济的快速有效发展（North，1990）。针对发展中国家，经济学家杨小凯更是提出"后发劣势"的观点，提醒国人不要因为模仿发达国家的技术相对容易而仅仅重视技术模仿，轻视制度借鉴，结果逐步陷入"路径依赖"，无法实现长期的可持续发展。在强调制度重要性的同时，制度经济学家也指出了制度本质上的内生性：制度不仅是博弈的规则，同时也是博弈的内生结果（Menard and Shirley，2005）。换句话说，制度虽有优劣之分，但并不存在放之四海而皆准的制度，好的制度并非"先天设定"（外生），而是在特定的社会经济环境下，经过不断调整和发展而逐步形成的。

社区治理创新是一种制度创新，而且具有内生性。当前我国面临转型发展的挑战，各个领域都需要创新，以应对社会经济发展的新常态。对于高新区来说，本身就是中国改革开放以来制度创新的产物，以成都高新区为例，经历了20年的发展，在带动区域经济增长方面充分发挥了自身的制度优势。但随着社会经济转型的逐步深入，高新区长期注重经济发展、忽视社会发展所导致的问题逐步暴露出来，它很大程度上是中国快速城镇化和社会经济转型的缩影，并对今后的可持续发展形成了阻碍。成都高新区为应对这些挑战做出了努力。如果说，以促进经济增长和技术进步为主要目的的产业园区的出现更多地是我国学习国外先进经验的外生性制度创新，那么，时至今日，成都高新区的社区治理创新则是基于自身发展趋势和现实问题的一种内生性制度创新。其创新的意义可以简单概括为"以新带旧"：一方面是指我们在改革开放以来的快速发展过程中，更多地关注经济增长，导致社会发展欠账太多，因此迫切需要通过社区治理创新，带动社会发展；另一方面，我们也希望社区治理领域的创新能改变传统的治理方式，不仅仅局限在社会管理领域，而是涉及政府、社会组织乃至普通居民思想观念的现代化，以形成推动社会发展的新动力。这种尝试，落实到像高新区这种本身就是改革开放的制度创新产物的区域实体上，更具有实验的可行性和代表性。

9　结语

不论是发展社会学还是发展经济学，通过对发展中国家现代化过程的考察，一致认为社会因素在一个国家或地区的社会经济发展过程中发挥着重要作用，并逐渐认识到非经济变量，如价值、态度和制度等，在发展过程中都扮演着非常关键的角色（迈克尔·P·托达罗、斯蒂芬·C·史密斯，2009）。为此，发展经济学还试图阐明，发展中国家为发展所设计的经济体制不能只是市场和国家的结合，而必须是包括社区在内的三个组织的结合（速水佑次郎、神门善久，2009）。这里的社区，指的是"在相互影响密切的基础上通过相互信任联系在一起的一组人"。在发展中国家，最典型的是由血缘和地缘上的关系连接起来的部落和村庄。而在发达国家，通过工作场所、母校、教堂、运动及其他消遣俱乐部等渠道形成的社区关系，对商业交易和政治活动具有重大影响，因为这种社区关系中所形成的信任，是一种重要的社会资本。

至此，我们再一次看到了国家层面的宏观社会经济发展规律与微观层面的社区治理创新之间的紧密关系。在社会经济发展水平达到一定阶段之后，一定会面临进一步发展的瓶颈，这是我们当前倡导创新驱动战略的原因。但宏观层面的创新如何发生？离不开一个重要的基础，就是良好的人文社会环境。那么，如何塑造良好的人文社会环境呢？一个良好的人文社会环境首先建立在互相信任的基础上，也就是一个富有社会资本的社会，而这种基础性的土壤仅依靠自上而下的行政力量是不可能实现的。为重建社会，必须确立社区是建立社会信任的主要场所，社区建设好了，社会的基本信任才能建立起来，这不仅需要空间的支持，也需要利于社区力量成长的制度环境。这就是社区治理创新的意义所在。

在这个领域，成都高新区做出了自己的努力。

本书关注的肖家河街道的社区治理创新是成都高新区在城市社区建设和发展过程中为解决发展中的矛盾和问题而作出的有益尝试，是一种在打散了的社会基础上以新带旧、顶层设计与基层创新相结合、以立求破的创举，谱写的是一曲在改革开放第一线的基层工作人员位卑未敢忘国、力弱依然忧民的情怀。中国的进步和发展，就是这样一步一个脚印地走出来的。在中国工业化升级、社会发展全面转型的历史阶段，这些努力，还需要在更大的范围内，以更清楚的愿景和顶层设计引导，更系统地展开。学界和实践者们，都还有很多的工作要做，要更细、更全面、更认真地研究改革，提炼理论，或寻求更好的理论指导。

参考文献

［1］ Christenson James A., Robinson Jerry W.（Eds）. *Community Development in Perspective*. Ames: Iowa State University Press, 1989.

［2］ D. North. Institutions, *Institutional Change and Economic Performance*. Cambridge: Cambridge University Press, 1990.

［3］ C. Menard, M. Shirley, eds. *Handbook of New Institutional Economics*. Dordrecht: Springer. 2005.

［4］ M. E. Porter. The *Competitive Advantage of Nations*: Harvard Business School Management Programs. 1993.

［5］ 罗伯特·帕特南. 使民主运转起来[M]. 王列,赖海榕译. 南昌:江西人民出版社,2001.

［6］ 迈克尔·P·托达罗,斯蒂芬·C·史密斯. 发展经济学（第9版）[M]. 余向华,陈雪娟译. 北京:机械工业出版社,2009.

［7］ 速水佑次郎,神门善久. 发展经济学——从贫困到富裕（第三版）[M]. 北京:社会科学文献出版社,2009.

［8］ David Halpern. 社会资本[M]. 黄克先,黄惠茹译. 中国台湾:巨流图书公司,2008.

［9］ 约瑟夫·熊彼得. 经济发展理论[M]. 何畏,易家祥等译. 北京:商务印书馆,1991.

［10］ 约翰·奈斯比特,多丽丝·奈斯比特. 成都调查. 魏平,毕香玲译. 北京:中华工商联合出版社,2011.

［11］ 卜万红. 是走向社区自治还是建立社区治理结构——关于我国城市社区建设目标定位的思考[J]. 理论与改革,2004（6）:58-61.

［12］ 蔡建明,薛凤旋. 界定世界城市的形成——以上海市为例[J]. 国外城市规划,2002（5）:16-24.

［13］ 陈冀周. 治理绩效与社会资本研究——基于社会资本外部性视角的分析[J]. 中共浙江省委党校学报,2010（4）:97-103.

［14］ 陈捷,卢春龙,共通性社会资本与特定性社会资本——社会资本与中国的城市基层治理[J]. 社会学研究,2009（6）:87-104.

［15］ 陈雷. 论社会资本——社会资本视角下的社区主导型发展研究[M]. 北京:中国社会出版社,2011.

［16］ 陈伟东,李雪萍."社区自治"概念的缺陷与修正[J]. 广东社会科学,2004（2）:127-130.

［17］ 陈伟东. 社区自治:自组织网络与制度设置[M]. 北京:中国社会科学出版社,2004.

[18] 陈振明. 什么是政府的社会管理职能 [J]. 新华文摘, 2006（03）.

[19] 程民选. 论社会资本的性质与类型 [J]. 学术月刊, 2007, 10: 62-68.

[20] 丁元竹. 社区的基本理论与方法 [M]. 北京: 北京师范大学出版集团, 2009: 57.

[21] 邓锁. 社区服务研究: 近15年以来的发展与评析 [J]. 甘肃社会科学, 2000（4）: 64-66.

[22] 费孝通. 乡土中国生育制度 [M]. 北京: 北京大学出版社, 1998.

[23] 费孝通. 中国现代化: 对城市社区建设的再思考 [J]. 江苏社会科学, 2001（1）: 49-52.

[24] 龚文君. 我国社区民主自治问题与对策研究—以宜宾市翠屏区社区自治建设为例 [J]. 湖北行政学院学报, 2009（6）: 65-68.

[25] 何海兵. 我国城市基层社会管理体制的变迁: 从单位制、街居制到社区制 [J]. 管理世界, 2003（6）: 52-62.

[26] 何伟军, 朱春奎, 聂鸣, 黄花叶. 高新技术产业开发区经济实力的综合评价 [J]. 科技进步与对策, 2002（8）: 66-68.

[27] 何增科. 论改革完善我国社会管理体制的必要性和意义——中国社会管理体制改革与社会工作发展研究之一 [J]. 毛泽东邓小平理论研究, 2007（08）: 52-60.

[28] 胡慧. 转型时期城市社区自治:理念、问题及建议 [J]. 武汉大学学报（哲学社会科学版）, 2006, 59（4）: 565-569.

[29] 姜苂. 西方社区发展 [J]. 北京行政学院学报, 2001（1）: 16-18.

[30] 姜振华, 胡鸿保. 社区概念发展的历程 [J]. 中国青年政治学院学报, 2002, 21（4）: 121-124.

[31] 姜振华. 论社会资本的核心构成要素 [J]. 首都师范大学学报（社会科学版）, 2008, 05: 70-74.

[32] 康之国. 完善社区社会组织参与社区服务机制研究——以天津市H区为例 [J]. 天津行政学院学报, 2011（6）: 99-102.

[33] 蓝志勇. 创新与中国公共管理 [J]. 中国行政管理, 2006（5）: 31-33.

[34] 蓝志勇, 李东泉. 社区发展是社会管理创新与和谐城市建设的重要基础 [J]. 中国行政管理, 2011（10）: 71-74.

[35] 蓝志勇, 魏明. 现代国家治理体系: 顶层设计, 实践经验与复杂性 [J]. 公共管理学报, 2014（1）: 1-7.

[36] 黎熙元, 陈福平. 社区论辩:转型期中国城市社区的形态转变 [J]. 社会学研究, 2008（2）: 192-217.

[37] 李程伟. 社会管理体制创新: 公共管理学视角的解读 [J]. 中国行政管理, 2005（05）: 40-42.

[38] 李福刚, 王学军. 地理邻近性和区域创新关系探讨 [J]. 中国人口·资源与环境, 2007（3）: 35-39.

［39］李国祥. 社会转型时期城市社区自治的若干问题与思考 [J]. 学术论坛, 2006（3）: 142-146.

［40］李慧凤. 社区治理与社会管理体制创新 [D]. 浙江大学公共管理学院, 2011.

［41］李慧凤. 社区治理与社会管理体制创新——基于宁波市社区案例研究 [J]. 公共管理学报, 2010, 7（1）: 67-72.

［42］李路路, 李汉林. 中国的单位组织——资源、权力与交换 [M]. 杭州: 浙江人民出版社, 2000.

［43］李蓉蓉. 城市居民社区政治效能感与社区自治 [J]. 中国行政管理, 2013（3）: 53-57.

［44］李蓉蓉. 政治效能感研究的学理基础与现实意义 [J]. 山西大学学报, 2012（4）: 90-94.

［45］李婷, 赖雄麟. 社会资本视域下的中国城市社区发展 [J]. 西北大学学报（哲学社会科学版）, 2012（1）: 151-155.

［46］李学举. 加强社会建设和管理, 促进社会和谐与发展 [J]. 求是, 2005（07）: 16-19.

［47］李雪萍, 曹朝龙. 社区社会组织与社区公共空间的生产 [J]. 城市问题, 2013（6）: 85-89.

［48］林南. 社会资本: 关于社会结构与行动的理论 [M]. 上海: 上海人民出版社, 2005.

［49］刘军, 闫石. 我国城市社区自治存在的问题与对策 [J]. 科学社会主义, 2008（5）: 113-115.

［50］刘娴静. 城市社区治理模式的比较及中国的实践 [J]. 云南行政学院学报, 2004, 6（6）: 102-106.

［51］卢汉龙. 单位与社区: 中国城市社会生活的组织重建 [J]. 社会科学, 1999（02）: 52-54.

［52］马西恒. 社区治理框架中的居民参与问题: 一项反思性的考察 [J]. 上海行政学院学报, 2004, 5（2）: 59-67.

［53］马仲量, 谢芳. 美国社区 [M], 北京: 中国社会出版社, 2004: 2-3.

［54］毛满长. 社区治理结构与社区直选民主制度绩效 [J]. 理论探讨, 2008（5）: 14-17.

［55］毛寿龙. 中国政府治道变革的新进展 // 董克用. 构建公共管理型政府 [M]. 北京: 中国人民大学出版社, 2007: 89-98.

［56］毛寿龙等. 西方政府的治理变革 [M]. 北京: 中国人民大学出版社, 1998.

［57］潘泽泉. 社会资本与社区建设 [J]. 社会科学, 2008（7）: 104-110.

［58］庞连花. 社区自治中行政化问题的初探 [D]. 吉林大学, 2007.

［59］彭文慧. 社会资本与区域经济增长 [M]. 北京: 社会科学文献出版社, 2013.

［60］史柏年. 治理: 社区建设的新视野 [J]. 社会工作（学术版）, 2006（7）: 4-10.

［61］孙柏瑛, 祁凡骅. 我国政府社会管理创新的价值基础 [J]. 公共管理与政策评论, 2013（3）: 6-14.

［62］谭英. 社区感情、社区发展与邻里保护 [J]. 国外城市规划, 1999（3）: 11-15.

［63］汤志林, 殷存毅. 治理结构与高新区技术创新 [M]. 北京: 社会科学文献出版社, 2012.

［64］唐晓阳. 城市社区管理导论 [M]. 广州: 广东经济出版社, 2000.

[65] 滕尼斯. 共同体与社会 [M]. 林荣远译. 北京：商务印书馆，1999.

[66] 涂晓芳，汪双凤. 社会资本视域下的社区居民参与研究 [J]. 政治学研究，2008（3）：17-21.

[67] 汪大海，魏娜，郇建立. 社区管理 [M]. 北京：中国人民大学出版社，2005.

[68] 汪大海，魏娜，郇建立. 社区管理 [M]. 第二版. 北京：中国人民大学出版社，2009.

[69] 魏娜. 我国城市社区治理模式：发展演变与制度创新 [J]. 中国人民大学学报，2003（1）：135-140.

[70] 魏娜. 中国城市社区建设中的问题及其理性思考 [J]. 新视野，2002（2）：57-59.

[71] 温献民. 高新技术产业园区阶段跨越研究——兼论高新区的"二次创业"[D]. 上海交通大学硕士论文，2007.

[72] 吴光芸，杨龙. 社会资本视角下的社区治理 [J]. 城市发展研究，2006，13（4）：25-29.

[73] 吴晓林. 中国城市社区建设研究述评（2000-2010）[J]. 公共管理学报，2012（1）：111-119.

[74] 夏建中. 城市社会学 [M]. 北京：中国人民大学出版社，2010.

[75] 夏建中，特里·N·克拉克等. 社区社会组织发展模式研究 [M]. 北京：中国社会出版社，2011.

[76] 夏建中. 中国城市社区治理结构研究 [M]. 北京：中国人民大学出版社，2012.

[77] 谢志岿. "社会资本"：理论史与主要论域 [J]. 学术探索，2007，03：49-57.

[78] 徐传峰，李东泉. "三驾马车"式的社区治理创新——肖家河的故事 [J]. 公共管理与政策评论，2013，2（3）：82-86.

[79] 徐君. 社区自治：城市基层社会管理的发展走向 [J]. 国家行政学院学报，2007（4）：40-43.

[80] 徐勇. GOVERNANCE：治理的阐释 [J]. 政治学研究，1997（1）：63-67.

[81] 徐勇. 论城市社区建设中的社区居民自治 [J]. 华中师范大学学报（人文社会科学版），2001，40（3）：5-13.

[82] 徐永祥. 社区发展论 [M]. 上海：华东理工大学出版社，2001.

[83] 徐中振，徐珂. 走向社区治理 [J]. 上海行政学院学报，2004，5（1）：66-72.

[84] 薛文同. 社会资本转换与社区建设的互动：中国的经验 [D]. 复旦大学博士论文，2009.

[85] 燕继荣. 社会资本与国家治理 [M]. 北京：北京大学出版社，2015.

[86] 杨宏山. 服务型政府的制度分析 // 董克用. 构建公共管理型政府 [M]. 北京：中国人民大学出版社，2007：51-60.

[87] 姚薇. 社区自治中的问题、原因及对策分析 [J]. 湖北社会科学，2009（7）：44-47.

[88] 俞可平. 推进社会管理体制的改革创新 [N]. 学习时报，2007［2007-4-23］.

[89] 俞可平. 治理与善治 [M]. 北京：社会科学文献出版社，2000.

[90] 张宝峰. 城市社区自治研究综述 [J]. 晋阳学刊，2005（1）：22-26.

[91] 张克中. 社会资本：中国经济转型与发展的新视角 [M]. 北京：人民出版社，2010.

[92] 张伟. 成都高新区 20 年，创新发展竞风流 [N]. 中国高新技术产业导报，2011.

［93］　张艳. 我国国家级开发区的实践及转型——政府视角的研究 [D]. 同济大学博士论文，2008

［94］　张再生. 服务型政府建设的伦理困境与对策研究 // 董克用. 构建公共管理型政府 [M]. 北京：中国人民大学出版社，2007：43 – 50.

［95］　赵巍，齐绩. 中国城市社区非营利组织面临的问题与发展趋势 [J]. 社会主义研究，2004（04）：117-119.

［96］　郑国，秦波. 论城市转型与城市规划转型——以深圳市为例 [J]. 城市发展研究，2009（3）：31-35.

［97］　郑杭生. 社会学视野中的社会建设与社会管理 [J]. 中国人民大学学报，2006（02）：1-10.

［98］　中共中央办公厅、国务院办公厅转发《民政部关于在全国推进城市社区建设的意见》的通知 [EB/OL]. http: //www.sdpc.gov.cn/shfz/t20070607_140203.htm.

［99］　周长城，蔡静诚. 生活质量主观指标的发展及其研究 [J]. 武汉大学学报（哲学社会科学版），2004，5（5）：582-587.

［100］　周红云. 社会资本与社会治理——政府与公民社会的合作伙伴关系 [M]. 北京：中国社会出版社，2010.

［101］　朱华晟，刘鹤，吴骏毅，李伟. 国家高新区发展阶段划分及差异化战略研究——基于实力的评价 [J]. 科学决策，2009（01）：50-55.